史家教育集团

"基于教师领导力培育领袖教师的行动研究"项目成果

提升教师领导力 促进学生发展

波普尔循环在小学学科教学中的应用

史家教育集团 编著

中国发展出版社
CHINA DEVELOPMENT PRESS

图书在版编目（CIP）数据

提升教师领导力　促进学生发展：波普尔循环在小学学科教学中的应用/史家教育集团编著 . —北京：中国发展出版社，2019.8

ISBN 978 - 7 - 5177 - 1045 - 5

Ⅰ.①提… Ⅱ.①史… Ⅲ.①小学教师—师资培养—研究 Ⅳ.①G625.1

中国版本图书馆 CIP 数据核字（2019）第 171097 号

书　　　名：提升教师领导力　促进学生发展：
　　　　　　波普尔循环在小学学科教学中的应用
著作责任者：史家教育集团
出 版 发 行：中国发展出版社
联 系 地 址：北京市西城区裕民东路 3 号 9 层　　100029
标 准 书 号：ISBN 978 - 7 - 5177 - 1045 - 5
经 销 者：各地新华书店
印 刷 者：河北鑫兆源印刷有限公司
开　　　本：710 × 1000mm　1/16
印　　　张：16
字　　　数：220 千字
版　　　次：2019 年 9 月第 1 版
印　　　次：2019 年 9 月第 1 次印刷
定　　　价：48.00 元

联 系 电 话：（010）68990642　68990692
购 书 热 线：（010）68990682　68990686
网 络 订 购：http://zgfzcbs.tmall.com//
网 购 电 话：（010）68990639　88333349
本 社 网 址：http://www.develpress.com.cn
电 子 邮 件：fazhanreader@163.com

本书编委会

主编：

王 欢 洪 伟

专家顾问：

朱旭东	Colin Evers	裴 淼	张春莉	李肖艳	贾美华
郭 鸿	姜 婷	沈兴文	傅继军	石庆萍	马福贵	丁雁玲
宋浩志	戈海宁	侯淑晶	李晓静	姜 菡

编委：（按姓氏笔画排列）

万 平	王 伟	王 静	王 磊	吕闽松	乔 红	刘 禹
刘 颖	闫 欣	苏浩男	杨 丽	杨昕明	杨 明	杨春娜
李 娟	李梦裙	吴 玥	吴 斯	佟 磊	谷 莉	宋 菁
张均帅	张 怡	张春艳	陈 纲	陈 燕	范汝梅	金少良
金 帆	金 强	赵慧霞	南春山	侯宇菲	徐 莹	高江丽
高李英	郭志滨	崔玉文	崔 旸	梁 红	韩巧玲	景立新
满文莉	蔡 琳

参与人员：（按姓氏笔画排列）

丁芸芸　丁笑迎　刁　雯　于　佳　才燕雯　万银佳　么蕴莹

马　岩　马　婧　马心玲　马克姗　马佳宁　马宜平　马晨雪

马淑芳　马涵爽　王　丰　王　丹　王　宁　王　华　王　冰

王　红　王　凯　王　佳　王　珈　王　映　王　艳　王　莹

王　晔　王　雯　王　婷　王　颖　王　滢　王　瑾　王大贵

王元臻　王竹新　王旭红　王连茜　王园园　王秀军　王秀鲜

王坤鹏　王国玲　王金斗　王建云　王香春　王姣姣　王艳冰

王莉虹　王家庆　王继红　王瑞晨　王熙嵘　王潇雨　王燕红

尤佩娜　车　雨　戈同俊　牛东芳　化子怡　化国辉　乌　兰

邓美双　孔炳彰　孔宪梅　孔继英　玉　洁　左明旭　石　瑜

石　濛　石子军　卢　超　卢明文　卢晓红　叶　楠　田春丽

田晓洁　史　云　史亚楠　史宇佩　史定宇　史晓娇　冉小伶

付　航　付　蕊　付莎莎　付燕琛　白　宇　白　雪　白清池

丛嘉祥　冯金旭　冯思瑜　边晔迪　邢　超　邢嘉榕　吕庆伟

吕艳文　朱　文　朱　珍　朱　玲　朱　辉　朱芮仪　朱晓臣

朱锡昕　乔　艳　乔　淅　乔龙佳　任巨成　任江晶　刘　丹

刘　节　刘　阳　刘　欢　刘　迎　刘　岩　刘　佳　刘　欣

刘　姗　刘　荣　刘　洁　刘　莘　刘　悦　刘　敏　刘　斐

刘　栋　刘　静　刘　顿　刘　蕊　刘　霞　刘力平　刘子凡

刘东荣　刘立美　刘宁宁　刘伟男　刘延光　刘玳含　刘玲玲

刘美娟　刘洪洋　刘冠廷　刘晓珊　刘爱军　刘梦媛　刘雪红

刘璐晨　刘懿叶　齐　瀛　齐丽嘉　闫　旭　闫　晖　闫仕豪

闫春芳　闫瑶瑶　闫翠兰　关　斌　安　然　祁　冰　许觊潘

许爱华	许富娟	牟凤敏	纪晓凤	孙　宁	孙　莹	孙　鸿
孙宇鹤	孙金艳	孙桂丽	孙爱华	孙慧瑶	芮雅岚	芦　彬
苏　芳	杜　楠	杜贝贝	杜欣月	杜建萍	杨　扬	杨　阳
杨　红	杨　玥	杨　京	杨　波	杨　奕	杨　倩	杨　晨
杨　婧	杨　棋	杨　锐	杨　鹏	杨文佳	杨华蕊	杨晓雅

杨敬芝　李　文　李　冉　李　阳（行政）　李　阳（美术）

李　乐	李　芳	李　宏	李　昂	李　欣	李　享	李　洁

李　洋（语文）　李　娜　李　莉　李　彬　李　雪（信息）

李　雪（道德与法治）　　李　婕　李　琰　李　辉　李　靖

李　静	李　璐	李大明	李丹鹤	李东昌	李东梅	李冬梅
李民惠	李军红	李红卫	李芸芸	李丽梅	李丽霞	李宏华
李非凡	李岩辉	李宝莉	李秋敏	李奕晖	李晓桐	李晓雷
李海龙	李雪莹	李焕玲	李淑红	李超群	李敬民	李惠霞
李鑫坤	肖　畅	肖　润	吴　桐	吴丽梅	吴金彦	何　莹
何　群	何光宇	何美仪	佟　爽	谷思艺	邹　莉	邹　晨
汪　卉	汪　忱	沙焱琦	沈保刚	沈瑶琳	宋　莉	宋　敏
宋宁宁	迟　佳	张　冉	张　弘	张　伟	张　凯	张　佳
张　柔	张　倩	张　彬	张　婉	张　琪	张　颖	张　滢
张　聪	张　蕊	张　澍	张　璐	张少慧	张文芳	张文佳
张书娟	张正磊	张艾琼	张东海	张立新	张秀娟	张昕怡

张牧梓　张欣欣（体育）　　张欣欣（信息）　　张京利　张怡秋

张思雯	张振华	张倞然	张海蒂	张梦娴	张淑华	张婉霞
张斌轩	张景奇	张鹏静	张新生	张慧超	张冀兵	张鑫然
陈　曲	陈　珊	陈　瑾	陈　璐	陈玉梅	陈亚虹	陈庆红

陈萌萌	邵 伟	武 炜	苗 苗	苗姗姗	英 文	苑振兴
范 鹏	范欣楠	范晓丽	林 琳	罗 虹	罗 曦	罗一萍
金 琳	金 晶	金利梅	金朝霞	周 舟	周 婷	周 霞
周元萍	周海燕	郑丽梅	郑忠伟	单博文	赵 民	赵 旭
赵 苹	赵 杰	赵 晶	赵 蕊	赵卫军	赵亚杰	赵朋秋
赵彦静	赵晓霞	赵婧杉	郝 瑞	郝 磊	郝杰宏	郝俊英
郝晓倩	荣 岩	胡雅涵	柯凤文	钟元元	侯 婕	侯 琳
姜 桐	洪 珊	祖 楹	祖学军	姚静文	秦 月	秦 媛
秦思宇	袁 媛	袁俊奇	耿芝瑞	贾春威	贾维琳	夏卫滨
顾 瑶	顾国威	徐 卓	徐 虹	徐 菲	徐丹丹	徐礼峥
徐艳丽	徐雪颖	徐愫祺	殷 越	高 幸	高 侠	高 莹
高 健	高立公	高明一	高金芳	高梦妮	高雪艳	郭 红
郭文雅	郭京丽	郭海平	海 洋	海 琳	容 戎	陶淑磊
黄 浩	黄呈澄	曹 芸	曹 菲	曹凤霞	曹立新	曹艳昕
曹素清	龚 丽	常 诚	常媛媛	崔 敏	崔韧楠	阎 冬
淮瑞英	梁 彤	梁 英	梁 晨	梁 琪	梁 潇	梁亚铂
隗晶晶	彭 霏	葛 攀	董 祎	董京红	董思屏	韩 旭
韩 芳	韩 莉	韩丽丽	韩凯旋	韩春明	韩晓梅	景淑节
程宇菲	傅娜娜	焦 娇	焦正洁	鲁 静	鲁志梅	温 程
温丽丽	谢 添	鲍 虹	鲍 彬	满惠京	褚风华	赫长平
蔡文菲	臧景一	裴旭婷	翟 红	翟玉红	樊 咏	樊东颖
黎 妍	黎 童	滕玉英	滕学蕾	潘 锶	潘 璇	薛晓彤
霍维东	戴惠冬	藏 娜	魏晓梅	魏颖琳		

前　言

　　教师在学校发展中的作用已经得到越来越多的重视。在学校发展的过程中，校长、教师、学生，以及参与其中的大学、政府、家长等都占有重要的地位。在这众多的参与学校发展的主体当中，教师扮演着举足轻重的角色，他们是最直接的推动者，同时也是学校持续改进的动力。并且，教师也绝非仅仅是变革的经历者，更是变革的领导者。普遍认为，校长是学校发展中的核心人物，学校发展首先需要得到校长的支持，这是学校发展获得成功的重要保障。然而，大量研究证实，学校发展要想真正获得成功，除了需要校长的支持，同时必须倡导分布式领导，挖掘教师领导潜能，在学校实行领导责任的共享。教师领导力作为学校可持续发展的领导力，越来越被认为是实现学校改进与发展的重要力量，领袖教师的培育也逐渐受到重视。

　　"Teacher Leadership"这一概念出现于20世纪80年代，起源于新一轮教育改革中。对于校长与教师协作促进学校发展重要性的认识，众多研究表明，没有教师的参与，单凭校长个人所领导的教育与学校变革，都很难取得突破性进展。现在，当讨论教师在教育变革中的角色与责任时，"Teacher Leadership"已经成为一个被广泛讨论的概念。在国内的语境当中，"Teacher Leadership"既可以翻译为"教师领导"，又可以翻译为"教师领导力"。"教师领导"有两种解释，一是作为名词，指作为领导者的教师主体；二是作为动词，代表一种过程，关注教师领导者与周围人在实现组织目标的特定情境中的互动过程。"教师领导力"关注的则是教师领导者在实现学校组织目标、开展相关活动时吸引和影响周围人以实现目标的能力，是一个能力体系。本书采用"教师领导力"这一翻译，是指领袖教师所应具备的能力体系，而教师可以通过领导力的提升成长为领袖教师。

具备较高专业素养与综合素质，同时具有较高领导力的教师即为领袖教师。

关于领袖教师的形成，目前存在两个主流观点："赋权论"和"内生论"。"赋权论"源于将领袖教师与正式职位或正式任命的角色相联系的认识，领袖教师权力的行使需要高层领导的"赋权"，要求校长改变已有观念，同意并支持权力下放，与教师共享权利、共担责任。"内生论"则是从教师专业发展的角度将"教师领导力"视为教师内在、内生的、时刻处于动态变化过程中的一种能力，每个人都可以发挥自身的领导力，每个人的领导力也都可以得到终身的发展与提高。而领袖教师则是基于自身的专业能力对同伴产生影响。该观点下的领袖教师与教师的职称、地位等均无关系，提倡教师的专业自主性，自主学习，主导自身专业发展，而不再被动地接受"赋权"。

我们对于领袖教师的认识综合了"赋权论"与"内生论"两种观点，将"领袖教师"分为"正式领袖教师"与"非正式领袖教师"两个群体。正式领袖教师的形成既需要扎根于教师自身的专业发展，同时也需要被"赋权"，尤其是在中国的教育情境之下，教师要想成为领袖教师，一方面需要自己具备较高的综合素质，另一方面也需要被赋权，从而获得合法地位，也只有这样，领袖教师方能真正发挥自身的领袖作用。非正式领袖教师则主要是基于个人的专业素养与综合素质，在与他人合作实现特定目标的过程中，对他人产生影响力。

教师领导力的提升，领袖教师的培养，归根结底是为了促进学生的成长与发展。教育部普通高等学校人文社会科学重点研究基地北京师范大学教师教育研究中心与史家教育集团合作开展"基于教师领导力培育领袖教师的行动研究"项目，旨在基于分布式领导理论，以学校骨干教师为主体，通过教师领导力的提升，帮助教师转变角色，挖掘教师领导潜能，为史家教育集团培育一批能引领学校发展的领袖教师，最终促进史家教育集团学生的成长与发展。

本项目试图达到以下三个目标。

第一，以澳大利亚新南威尔士大学 Colin Evers 教授的"波普尔循环"方法论为基础，引领老师们识别、确定自己在教育教学过程中所面临的核心问题，通过波普尔循环，不断清晰、聚焦自己的研究问题，掌握问题解决的有效方法，并在这个过程中实现研究与教学的对接，通过研究课的形式不断提升教师们的教学领导力。

"波普尔循环"是 Colin Evers 教授将著名哲学家波普尔提出的科学知识增长方式 P1→TS→EE→P2 引入教师教育领域，并改良所形成的能够促进教师知识增长的方法论，体现为：P1⇒TT1⇒EE1⇒P2。P1，即 Problem 1（问题1），是指教师基于自己的教育教学实践所识别和确定的第一个要解决的问题；TT1，即 Tentative Theory 1（试验性理论1），是指教师提出并采取的尝试解决问题1的试验性理论，即策略；EE1，即 Error Elimination 1（消除错误1），在采用试验性理论1尝试解决问题1的过程中，通过证伪来消除错误，进而产生新的问题2，Problem 2，即 P2。随着问题的深入，对问题作尝试解决的试验性理论的正确性也就越来越高，进而实现教师知识的增长，以及新理论代替旧理论的质变。依次类推，逐渐产生问题3、试验性理论3、消除错误3，问题4、试验性理论4、消除错误4，问题5、试验性理论5、消除错误5……各个循环之间呈现螺旋式上升的趋势，直至解决最初最关注的核心问题，即问题1。

第二，在波普尔循环推进的基础上，引领老师们"跳出来"重新审视自己所关注的核心问题领域，提炼自己的教学专长概念，开发自己的教学研究"试验田"，引领老师们通过多年的研究与积累，成为自己"试验田"领域的专家，提升教师们的专业领导力。波普尔循环的推进过程，其实是老师们不断精确化、深聚焦自己所关注的核心问题的过程，这个核心问题是老师们成长路上的症结所在。不断研究解决该问题的过程其实助推老师们形成了自己的教学专长，也让老师找到了可以长期研究与攻克的核心领域。

第三，通过教师的发展促进学生的学习与成长，主要体现为学科核心素养的落实。通过波普尔循环的推进，老师们所关注的问题逐渐从自我的教学问题转变为如何促进学生学习的问题。教师从关注自我转变为关注学生。这些都实现了项目的最终目标：促进学生的学习与成长。

在为期一年的项目实施过程之中，参与到本项目之中的史家教育集团各位老师认真积极配合专家和项目组基于波普尔循环理论开展研究，并通过研究课的形式将研究与课堂教学结合起来，让研究真正服务于教学。一年下来，形成了丰富的成果。本书将史家教育集团各位老师的实践智慧集结成册，相信会为全国的小学教师树立榜样，他们的实践成果也定会引领小学学科教学的发展。

本书共分八个章节。参与到本项目之中的史家教育集团教师们按照学科分为八组，分别为科学组、品德与社会组、音乐组、体育组、美术组、语文组、数学组、英语组。八个章节分别阐述八个学科组的实践成果。每个章节的核心内容包含三个部分：一是本组一年来的波普尔循环推进过程记录与反思；二是本组基于波普尔循环提炼出核心主题，并基于核心主题所撰写的小论文，该论文在一定程度上体现了本组教师所关注的核心学科教学问题；三是可以体现核心主题的典型课例（即教学设计）。每个组的老师充分发挥了自己的智慧，以不同的方式将三个核心内容组合起来，因此，八个章节，核心内容相同，但体例则体现出了不同的智慧。无论是在课堂教学、科学研究上，还是在学习共同体建设上，都对全国的小学教师具有借鉴意义。

教师发展是学校发展的主体要素，学校发展必须依赖于教师队伍质量的提升。史家教育集团重视教师的专业发展，重视教师领导力的提升，重视领袖教师的培养，体现了对教育的前瞻性。希望史家教育集团能够从文化、制度建设层面进一步创造激发教师领导力的环境与条件，让史家教育集团真正成为"人人都是领袖"的学校。我也坚信，史家教育集团在以王欢校长带领下的学校领导班子的引领下，会在各个层面走在时代前列，引领我国小学教育的发展。

朱旭东

2019 年 6 月 26 日

目　录

专题一　提升教师研究能力与学生科学素养

　　——波普尔循环在小学科学教学中的应用

　　一、引　言／1

　　二、波普尔循环推进过程／2

　　三、收获与感受：在波普尔循环推进中提升教师领导力／13

　　四、课例：《土壤》／19

专题二　促进小学生课余时间使用新媒介提高学习的研究

　　——波普尔循环在小学品德与社会学科教学中的应用

　　一、引　言／27

　　二、研究目的与研究意义／30

　　三、研究方法与理论依据／32

　　四、具体实施／38

　　五、研究总结／49

　　六、课例：《灾难后的思考》／53

专题三　波普尔循环音乐之旅

　　——波普尔循环在小学音乐教学中的应用

　　一、引　言／61

二、波普尔循环过程 / 62

三、收　获 / 75

四、总　结 / 83

五、课例：《小毛驴》/ 84

专题四　低年级体育课堂教学中促进"问题学生"学习的活动策略探究

　　——波普尔循环在小学体育教学中的应用

一、引　言 / 106

二、波普尔循环记录 / 107

三、课例：《跳短绳（一带一）》/ 109

四、总　结 / 115

专题五　美术课堂小学生个性发展的实践过程研究

　　——波普尔循环在小学美术教学中的应用

一、引　言 / 121

二、波普尔循环推进过程及阐释 / 122

三、课例：《快快乐乐扭秧歌》/ 141

四、总　结 / 150

专题六　语文课堂中所有学生的专注与绽放探索

　　——波普尔循环在小学语文教学中的应用

一、行动研究的缘起 / 152

二、研究历程 / 155

三、课例：《鲁滨孙漂流记》/ 172

四、收获与思考 / 180

五、结　语 / 185

专题七　基于学生差异的数学理解的教学策略研究

　　——波普尔循环在小学数学教学中的应用

一、引　言／186

二、研究过程：基于波普尔循环下的教学实验／191

三、课例：《小数的性质》／204

四、总　结／211

专题八　审辨式思维能力的培养在小学高年级英语课堂中的实践

　　——波普尔循环在小学英语教学中的应用

一、引　言／215

二、波普尔循环记录与反思／216

三、反　思／222

四、课例：《Unit 3　Let's live a low-carbon life.》／227

后　记／236

提升教师研究能力与学生科学素养[①]

——波普尔循环在小学科学教学中的应用

一、引　言

作为教学一线的科学教师，我们有明确的教学目标，力求在科学课上采用探究式教学的方式培养学生的科学素养，促进小学生科学概念的形成。但是在教学中会出现很多问题，例如：在一些实验课上，学生不知道观察什么，他们观察的往往是一些不重要的信息，对于科学概念的形成有一定的影响；又如：还有一部分老师不清楚该让学生观察什么，自己本身没有明确观察重点，导致教学没有实效性；再如：一些实验课的现象不明显，不容易帮助学生建立科学概念；或如：学生没有把看到的实验现象详细地描述出来，没有把实验现象和研究的问题结合起来，另外当学生汇报交流时，一部分学生总关注自己手中的实验材料，不注意倾听别人的研究；等等。这些问题是我们在课上比较常见的，也是需要想方设法解决的。

在学校搭建的平台中正好有专家介绍波普尔循环，我们跟着专家学习

[①] 本专题作者与承担任务为：杨春娜（引言、循环1、统筹安排、初审提出修改意见、组稿等）；路莹（循环2、教案）；李晶（循环3、作为成熟教师谈感受）；苏芳（循环4、作为新教师谈感受）；王红（循环5）；马晨雪（循环6、作为新入职教师谈感受）；杨华蕊（新教师谈感受）；张培华（结尾、审查引言和主体部分）。

了波普尔循环的方法。通过学习，我们认识并了解了波普尔循环公式及其包含的四个要素，对这四个要素的内容基本了解后，我们在团队内相互交流、相互听课，反思自己以往的教育工作经验，来确定迫切需要解决的问题，以此问题为突破口，运用探究式教学的策略促进小学生科学概念的形成，从而提升学生的科学素养。

这段时间我们把波普尔循环应用到教学实践中，我们在实践中不断地发现问题并解决问题，在研究过程中不仅提升了老师们的研究能力，还提高了学生的科学素养。

二、波普尔循环推进过程

通过学习《义务教育小学科学课程标准》我们知道：小学科学课程的总目标是培养学生的科学素养。科学探究是人们探索和了解自然、获取科学知识的重要方法。科学学科的教学就是通过设置有利于学生主动探究学习的环境，并提供充分的指导与帮助，让学生从提出问题出发，通过设计实验、系统观察、搜集、分析、解释信息、做出结论、表达与交流等过程，进行学习。这个过程要依靠仔细地观察现象，并从观察中发现能成立的理论。观察是儿童进行科学探究活动的起点，是基本的科学方法。

既然观察这么重要，学生在科学实验课上的观察能力如何呢？带着这个问题，我们听了几位年轻老师的课，在课堂上我们发现：学生对实验时出现的一些重要现象没有关注，没有认真的观察，关注的却是其他的现象。

例如在五年级《给水加热》一课中，当学生在酒精灯上给试管里的水加热后，试管里的水会先出现小气泡，然后出现大的气泡，随着试管内水温度的逐渐增高，水会被烧开。当完成这个实验后问学生"你们在给水加热的过程中观察到了什么现象"的时候，学生会说"试管变黑了""酒精灯火焰歪了"等这些与水的变化关系不大的现象。又如在五年级《冰》一课中，当学生把装有水的试管放入冰水混合物中后，过一段时间问学生"你们观察到了什么现象？"时，学生没有关注试管内水的变化，反而对铁筒内冰、水的现象比较关注。类似的现象比较多，于是我们把波普尔循环的初始问题确定在了"如何在实验课上抓住观察重点"，下面以此问题为突破口介绍我们的团队是怎样解决这个问题又发现了什么新问题，详细描述开展波普尔循环的情况。

问题 1：如何在实验课上抓住观察重点？

科学课上经常会让学生做一些实验，通过这些实验现象分析其原因，得出实验结论。教学中发现有些学生在做科学实验时，没有认真观察实验现象，他们不知道真正需要观察的是什么。那么，在科学实验课上如何让学生抓住观察重点呢？

试验性理论 1：在实验前教师要进行有效的引导，明确观察的重点内容。

我们对这个问题进行了详细的分析，找其原因，再"对症下药"。我们发现学生没有抓住观察重点跟学生对实验目的不明确有很大关系，如果在实验前对即将要观察的实验现象进行引导、分析，让学生清楚地知道实验的目的是什么、在实验时要观察些什么、即将要做的实验可能会出现什么现象等等，学生就会把目光集中到观察重点上。

例如：在《给水加热》实验前，先进行这样的引导和分析：

教师提问："一会儿我们要给试管里的水加热了，试管里的水可能会有什么变化呢？"

学生会结合生活中加热水的经验谈自己的看法。有的说："水会被烧开。"有的说："会有声音。"有的说："可能会有气泡。"等等。

教师引导："看来大家对试管内水的变化都有自己的看法，那么到底试管中的水会出现什么现象呢，需要大家亲自观察观察。"

有了这样的引导，学生在实验时就会认真观察试管内水的变化。

消除错误 1：部分学生能够关注实验时的重点，但发现有部分老师还不太清楚实验的观察重点。

在教师有效的指导下，学生在实验时能够认真观察实验时出现的现象。在《给水加热》一课试验中，学生观察到了试管内有小气泡产生，小气泡越来越多，变成了大气泡。在《冰》一课试验中，学生观察到试管内的水温度在下降，下降到0℃左右试管内的水结冰了。由此可见，有效的引导能够帮助学生关注实验的重点现象。

但在跟老师们交流中发现，有的老师还不清楚一些实验课的实验目的是什么，以至于在设计实验或者在引导实验的时候引导不到位。我们产生的新问题是：如何让教师明确实验课的观察重点内容。

问题 2：如何让老师明确实验课的观察重点？

学校的青年教师比较多，他们在刚入职时对科学课教材不熟悉，对于小学科学课程标准、各年级教材内容之间的联系、不同单元的知识框架等内容不够明确。因此，教师在备课时常常遇到一些困难，尤其是实验课这样既动脑又动手的科学实践课程。

年轻教师缺乏对于每一节课的实验观察重点的明确认识，对学生的指导和引导不到位，导致学生不能在实验中抓住观察重点。比如《水到哪里去了》一课讲的是水的蒸发。对于"蒸发"这个概念，年轻教师通常是通过观察玻璃片上的水慢慢变干过程引发思考构建的，而这样做并不符合科学探究的本质，而属于"讲授式"教学。教师应在设计教学内容时考虑到让学生亲手实践经历完整的探究过程，有重点的观察实验现象。

试验性理论 2：结合课标对教师进行教学目标的培训，尤其找准实验课的实验目标，以实验记录单的形式明确实验课的观察重点。

针对这个问题，我们结合课标对年轻教师进行科学课的课程标准及教学目标的培训。同时，我们认为教师的专业素质和能力也是影响实验课能否上好的至关重要的因素之一。因此，我们整理了三至六年级的所有科学实验，组织教师根据教材和课程标准要求，准备相应的实验材料，明确实验要求，按照正确、严谨的实验步骤进行操作，提高教师的实验操作技能。在组教研时，我组教师分年级梳理各年级实验课的实验目标，通过集体讨论的方式确定每节实验课的实验目标，并以实验记录单的形式明确实验课的观察重点。例如，《水到哪里去了》一课，我们首先让学生对观察到的水变干的现象进行科学猜想：水变干后去哪里了？然后设计并亲手操作实验——通过用电子天平测量水的重量变化分析水有可能到空气中去也有可能消失不存在了，接下来通过湿度测试仪测试水变干过程中空气的湿度变化从而证明水确实到空气中，并以看不见的气体状态进入空气。如此，让学生认识到物质是变化的，而变化是可以被测量的。通过分析测量变化的结果，我们可以掌握物质变化的规律。学生在实验中会关注水变干的现象，同时会注意观察、记录测量水重量的数值。

消除错误 2：大多数教师和学生能抓住实验的观察重点，但在实验后部分学生对实验的现象描述不清。

通过组织实验操作比赛，我们组教师的专业技能水平普遍有所提高。通过开展实验专题教研活动，老师们明确了每节课的实验观察重点，并设计了简明而有效的实验记录单引导学生学习。经过多次试讲及反复修改，学生们在实验记录单的引导下，能够正确地进行实验操作，并注意到需要观察的重点内容。但在实验后部分学生对实验的现象描述不清。还是用《水到哪里去了》一课举例，学生在观察到水变干的过程，以及水重量发生改变时，能够注意到重点的实验变化，但是在描述观察现象时，表述不清，不能用科学严谨的语言描述实验现象。这种现象比较普遍，我们认为教师应在日常的课堂中规范学生的语言和表达方式，学会使用科学用语，有逻辑性地描述实验现象。

问题 3：如何引导学生把看到的实验现象清晰地描述出来、表达出来。

通过以上解决问题的途径，老师们明确了怎么让孩子理解什么是观察重点，如何进行有效观察。部分学生能够有效地观察、记录、表达。但是，还是有部分学生在记录表达的时候不知道怎么做，或者记录的时候无序。比如，我们在教学中发现，学生能够看到现象，但没能把看到的现象清晰地用语言表达出来，有种心里有数倒不出来的感觉，表达不清就不容易分析现象产生的原因。在《给水加热》一课中，学生们看到水沸腾的现象，但是在描述现象的时候只是停留在水开了，描述的过程也是无序的。

那么，如何帮助学生清晰地描述实验现象，逐步让学生养成良好的描述实验的能力，提高学生的科学素养呢？

试验性理论 3：采用引导性语言引导学生描述现象。

针对这一问题，教师可以采用引导性语言引导学生描述现象。如你们在实验过程中采用什么方法、重点观察了什么、看到了什么现象、实验说明了什么等引导语言，帮助学生准确地描述实验现象。

在《给水加热》一课中，教师在幻灯片上给孩子们出示引导性语言："你们怎样做的？重点观察了什么？看到了什么现象？实验说明了什么？"学生在交流时就会有序地描述出他们的实验情况："我们用酒精灯给试管里的水加热时，重点观察了水温的变化和气泡的变化，看到了水温持续升高，直到（98℃）气泡由试管底产生，再大量增多，直到在水面上翻滚。说明了，水在加热时会变成大量的气泡，继续加热时水温保持不变。"在这种引导下，大部分学生能够清晰细致地描述实验现象了。

在《水能溶解一些物质》一课中，孩子们描述高锰酸钾变化的时候，总是说水变紫了，高锰酸钾没有了。观察实验的重点落在了最后的实验现象，不关注过程性的变化。教师是这样引导孩子描述的："你们怎么做的实验？观察了什么变化？看到了什么现象？实验说明了什么？"孩子们在填写记录单和汇报的时候就会比较细致地回答出：我们将高锰酸钾放入水中，观察高锰酸钾颗粒的变化，发现高锰酸钾颗粒由大变小，逐渐消失，直到水变成了紫色。

通过使用试验性理论3，能够使学生清晰地描述所观察的实验现象，同时使学生知道观察重点及要有序的观察。

消除错误3：学生能够对实验现象进行简单描述，但学生描述时没能和所研究的问题结合起来。

学生描述时更有层次了，能说清怎样做的，出现了什么现象，说明了什么问题，描述实验的能力有了显著提高。

问题4：如何把实验现象和研究的问题结合起来？

通过解决以上问题，学生能够做到对实验现象进行简单描述了。但新的问题又出现了。很多时候，其所描述的实验现象并没有与研究问题联系在一起。比如，在研究《空气占据空间》这节课中，学生在实验时能够通过观察说出纸人湿不湿，但并不能把纸人湿与不湿和空气占不占空间联系起来。那么如何把实验现象和研究的问题结合起来呢？

试验性理论4：在实验前对实验有一个假设，如：如果出现了什么现象就说明了什么？

这个问题的本质是如何让学生通过探究过程来解决问题，得出正确的结论。这里要重点关注学生在实验中观察的现象和研究问题两个方面的关联程度。

　　最重要的一点，就是要有一个实验性理论的支撑，也就是在实验前对所研究的问题作出假设。根据《义务教育小学科学课程标准》的要求，科学探究主要包括提出问题、作出假设、制订计划、搜集证据、处理信息、得出结论、表达交流、反思评价这八个要素。其中，提出问题、作出假设关系学生的探究方向，是探究过程的关键环节。如果方向正确，学生能够通过有目的地观察实验现象得出正确的结论。如：如果出现了什么现象就说明了什么？学生根据假设可以知道这个实验的关注点在哪里，从而有针对性地进行实验。以《空气占据空间》一节课为例，将纸人放在杯底竖直向下扣入水中，要观察的实验现象是纸人湿还是不湿。在学生的前概念中，50% 以上的学生会认为空气是不占据空间的。那么如何修正他们的错误的前概念呢？教师可以引导学生做如下假设：如果将烧杯竖直扣入水中，纸人湿了，说明空气不占据空间，如果纸人没湿，说明空气是占据空间的。学生通过假设结合实验现象进行分析，能够很顺利地解决所要研究的问题。

　　再比如《日食》一课中对日食现象的探究，在学生的认知中，日食就是太阳、月球、地球三者排列在一条直线上而形成的天文现象。但早期的人们是不知道这一原因的。那这一概念真正是如何得来的呢？早在 5000 年前，天文学家通过持续不断地观测和记录分析出了发生日食的原因，其最直接的手段就是作出假设。在上课时，教师也让学生体验了古人作出假设、推理日食成因的探究过程。学生通过校天文社团多年的日食观测资料，推测这一过程就是月球挡住了太阳造成的，再通过简单的模拟实验观察到了实验现象，证明了起初的假设，得出了正确的结论。

由此可见，通过使用试验性理论，能够使学生顺利地消除认知矛盾，修正错误的前概念，使实验现象与研究问题有效地联系起来，是解决这一问题的有效方法。

《日食》成因探究学习单

消除错误 4：学生能够根据实验现象得出实验结论，解决问题，但有些课的实验现象不明显。

学生通过经历提出问题、作出假设的探究，逐步解决了实验现象与研究对象结合起来的问题。但新的问题又显现出来，在科学课的教学中，有的实验现象并不明显，学生不容易观察到，不容易帮助学生解决问题，也就谈不上得出最终结论了。但实验又是帮助学生建立概念、解决问题的重要手段，基于此，应该如何解决这个问题呢？

问题 5：如何使实验现象比较明显地呈现在学生面前？

实验现象不能明显地呈现出来，达不到预期的实验结果，如《给水加热》一课，需要很长时间才能看到水的沸腾；又如在《铁、铜和铝》一课中，三种金属丝的软硬程度不同，但又不能明显地看出它们的区别；再如纸结实程度的实验，有的纸本来挺结实的，但却被拉断了，效果不明显。

那么，如何使实验现象比较明显地呈现在学生面前？这是摆在教师面前的一个新问题。

试验性理论5：挑选恰当的实验材料，在课前教师要多实验几次。

科学最鲜明的特点是以实验为基础，实验是学科学的最重要的手段之一。做实验可以激发学生爱科学的情感，有效地训练学生的思维，提高学生科学素质，发展学生的能力。明显的实验现象能帮助学生建立科学概念。教师要根据课标要求，利用一切有用的材料在有限的时间里把实验现象呈现在学生面前，在完成教学目标的基础上，达到较好的效果。

科学实验教学比起书本知识的了解更加看重实验技巧和能力的培育，教师要在实践中寻找最佳的方法，来解决教学中学生的探究问题。而解决上述问题的有效方法是，可以在已有的实验器材等条件的限制下，大胆开发新教具。一件成功的自制教具的诞生，是教师智慧和汗水的结晶，是教师经过对教材的深入研究，根据本校实验器材的实际情况，产生对某一教具改进或创新的想法，根据这一想法，构思设计，在反复研究、实验的基础上制作，经过多次改进和反复调试后，再在教学中试用，直至成功。再有就是作为教师要在课前反复实验，为学生寻找合适的材料探究做好充分的准备工作。一个成功的教师就是要在不断的反思中，总结出较好的教学策略和方法。

如在教学《给水加热》一课时，让学生观察记录水沸腾过程中的现象，由于酒精灯产生的热能较小，以及烧杯的密封性能差等先决条件不足的情况下，导致此实验花费很长的时间，影响课堂效率。为了提升实验效率，可以采取自制杯盖的方法，采用耐热的材料，用打孔器在中间打孔，周长根据烧杯的大小来决定，一般最好采用容量较小的烧杯，比如80毫升的就可以，这样可以大大节省时间，又不影响学生观察。

再比如在探究《纸》一课时，其中有一个关于纸的结实程度的实验，可以采用挂钩码，也可以采取拔根的方法。但在做时，会发现有时结果不尽相同，导致无法得出结论。针对这种情况，老师要在课前多找些不同的纸反复试验，并找出实验结论不统一的关键是什么。要给学生选择出差异较大的几种纸张做实验，提高实验效果。实验挂钩码检测结实程度，要注意的地方就是纸条尽量窄一些，会很快看到效果；如果用拔根的方法，要注意水平拉纸张。

在《铁、铜和铝》一课，给学生提供大小、宽窄一样的三种金属片，便于学生观察，学生能够认识这三种材料的特点。

消除错误 5：实验现象明显了。学生表达也清晰了，但是发现很多学生在别人表达的时候还在摆弄自己的实验装置，没有集中注意力倾听。

教师提供有结构的、恰当的实验材料，能够帮助学生看清实验现象，实验材料合适了、实验现象明显了，就能帮助学生解决问题。

通过解决以上问题，实验现象明显了，学生表达也清晰了，但新的问题又出现了：在学生汇报时，其他学生的注意力还在自己组的实验用具上，不认真聆听他人的汇报。

问题 6：在汇报时如何集中学生的注意力？

汇报环节是一个总结、归纳、得出结论的重要的环节，学生们要聆听其他同学的汇报进行思考评价等，这个环节非常重要，所以一定要集中学生的注意力。例如在《太阳能》一课中，汇报环节无法抓住班内所有学生的注意力，学生的注意力还在自己组的实验用具上。那么如何把汇报环节的重点放在讲台，集中学生的注意力，使他们停止自己手中的实验？

试验性理论 6：收集学生的实验材料，并放到"光荣榜"处。

这个试验性理论的方法是把学生们手里的材料收集起来，这样可以有效地提高学生的注意力。

2018 版《义务教育小学科学课程标准》指出："学生通过亲自动手实践，既可体验感知教学具的运用原理，从中了解技术的创新之处及其创新过程，又可增加学生与学生、学生与教师之间的相互交流，启发学生的自主创新思维、提升学生的自主创新能力。"说明在学习体验后，学生与学生，学生与教师的相互交流非常重要。交流汇报环节是启发学生思维、提高学生思维的过程，所以我们要把学生的注意力集中在汇报交流之中。

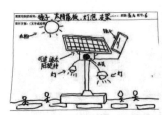

如《太阳能》一课，在小组展示环节，选中的组拿着设计图纸上前面来给大家先展示后做实验。但是经过反复试讲反映出一些问题：学生参与度不够高，在展示环节大多数组还在不停琢磨自己的方案，无法集中注意力。我们改进的方法是：采取"光荣榜"收集材料的方式并设置排名，让同学们高高兴兴地把做好的作品交上来，这样他们的手里没有实验材料了，也达到了集中注意力的目的。

消除错误 6：汇报可能不足以吸引同学们，学生不感兴趣。

在尝试用试验性理论解决所提出问题的过程中，取得了显著效果：在汇报环节，同学们的注意力提高了，参与的积极性变高了，课堂效果变好了。但同时又面临汇报内容可能不足以吸引同学们的情况，学生不太感兴趣。我们的解决方法是在汇报环节增加新的实验材料，引起同学们的注意力，提高学习兴趣。

比如在《太阳能》一课，方案展示后的效果展示环节，因为肉眼看到的小灯泡亮度变化效果并不明显，科学课又需要数据来验证结果，我们增加的环节是利用万用表来测小灯泡电压，这样可以准确看出电压发生的变化，向同学证实他们的方法确实是有效的。在万用表出现的时候学生又非常感兴趣，同时抓住了他们的注意力。增加万用表这个环节同时也是一个反馈，向学生证明"你们的方法是真的有效果的"。

再比如《铁、铜和铝》一课中，在展示方案环节，教师通过新的实验用具——小灯泡电路，来验证铁、铜、铝是否具有导电性。小灯泡电路作为一个实验器材吸引了同学们的注意力，提高了他们的学习兴趣。

从这六个波普尔循环不难看出，老师们在课堂上不断地发现问题，并采取相应的试验性理论进行解决，能够真正地投入到教学研究中来。

三、收获与感受：在波普尔循环推进中提升教师领导力

在教育改革进行得如火如荼的今天，教师的专业发展受到了前所未有的重视。教师的专业化发展，需要强大的实践性知识做支撑。有研究指出，教师的实践性知识是一种能够指导教师教学实践的认知，包括信念、价值观、动机、程序性知识和陈述性知识等。有效的实践性知识能够调节和管理课堂活动。

在教学实践中我们会发现，教师之间的差异更多体现在对课堂的调节和管理上。没有经验的教师备课不可谓不认真，上课不可谓不用心，然而在真正实施教学的时候，他们会发现理想和现实之间存在着巨大的差距，

不仅教学环节不能顺利推进，而且问题往往是答非所问，活动往往目的性不强。问题出在哪里？老师们都会思考，都会去寻求帮助，但是往往不会抓住这些问题去深入分析，一步步地开展研究。

波普尔循环的学习和应用，让我们改变了这种现状。我们将问题拿出来分析，确定首先要解决什么，然后逐渐分解，追根溯源，找到最基础的问题开展研究，寻找解决的办法。为了增强活动的实效性，我们的研究都是结合日常教研活动来开展的。在这个过程中，学校的领袖教师、骨干教师和成熟型教师发挥了积极的作用，从确定问题到提出解决方案到对解决问题效果的评估再到新一轮循环的开始，都起到了决定性的作用，体现了教师的领导力。比如杨春娜、路莹两位老师，把在项目组学习到的东西及时和老师们分享。特别是杨春娜老师，主持了波普尔循环研究的每一项工作。而教研组长张培华老师，在具体工作中把握方向、确定问题、提供方法。老师们领导力的发挥，保障了研究工作的顺利推进。

在两次波普尔循环研究的阶段汇报会上，我们的工作得到了专家的高度赞扬，更让我们高兴的是，老师们找到了解决工作中具体问题的有效方法。从最小的问题入手去解决，发现问题再去找原因，再去想办法解决，直到通过一系列问题的解决，最终解决最初的问题。老师们一直不知道如何开展行动研究，现在发现，利用波普尔循环，就是很好地开展行动研究的途径。

实践证明，这样的研究方法是非常有效的，对新教师的成长非常有帮助，他们遇到的问题得到了解决；对老教师的成长也非常有帮助，他们一些无意识但有效的解决问题的方法得到了提炼升华，对某些问题的认识从感性认识上升到了理性认识的高度，提升了教师领导力。

老师们在一年的研究中有一些感悟，这正是我们参加这个项目最大的收获。下面来看看老师们的收获和感受。

苏芳老师：我是一名入职时间不长的新教师。在刚刚进入教师行业的这一年多来，我在教学工作中有很多困惑。科学教学中很多环节是紧紧围绕实验展开的，学生通过科学实验进行探究，能够消除其错误前概念，构建正确的科学概念。

如何在有局限性的实验室环境里尽可能模拟自然条件，使学生形成正确的科学概念呢？在平时的教学过程中，我碰到了各种各样的问题。比如，有些学生不知道实验中应该重点观察什么，有些学生经常被实验中的其他因素所干扰，不能形成正确的实验结论。

2017 年，在杨春娜老师的带领下，我有幸接触到对波普尔循环的研究和学习。在日常教学过程中，通过利用波普尔循环理论分步解决教学中存在的问题，给我的工作带来了很多便利。借助课题研究，我能够更深入地去思考解决问题的途径和办法。我们所研究的波普尔循环中的每一环节都有一个螺旋式的上升，从如何让学生抓住观察重点，教师如何明确实，验课的观察重点，到引导学生描述清楚实验现象，从如何把实验现象和研究的问题相结合，使实验现象更加明显地呈现在学生的面前，到汇报时集中学生的注意力，波普尔循环兼顾到了学生探究的整个过程，环环相扣。在剖析完循环的各个阶段后，我在我的课堂中的每一节课重点解决一个问题，这样的课堂效率明显提升了不少。

通过对波普尔循环理论的实践，我觉得我的业务水平有了显著的提升。同时，这一项目学习活动给了我与同组同事、北师大教授交流学习的机会和场所，开拓了研究的视野，使我不局限于就课程说课程，而是站在学生探究活动和教师研究的大背景下去思考、去研究、去开展教学工作，提高了内生动力。希望今后能够有尽可能多的机会参与到类似的教科研活动，尽快地成长为成熟型教师。

马晨雪老师：作为一名新教师，在波普尔循环的整个研究过程中，我收获颇多。首先在学习了波普尔理论后，我理解到当我们发现教学中的一个问题时，在解决问题之后，会产生新的问题，形成"发现问题－试验性理论－消除错误－新的问题"这样一个循环。通过这样的循环过程，我们对备课、上课进行反思，不断研究，使我们的研究更加深入、广泛了。在科学学科，很多课需要动手做实验，我们的循环研究就集中在实验课上，从如何在实验课上抓住观察重点开始，我们进行了六个循环的研究，通过将近一年时间，在很多节课上尝试与改正之后，我对实验课的课堂有了更好的掌握能力，对学生有了更全面深入的了解。感谢波普尔循环，我作为一名新入职教师，很荣幸能够跟老师们一起研究，思考，提升自我，整个过程不仅提高了我对课堂的把控能力，也让我更深入地了解了学生的思维。

杨华蕊老师： 在这个网络发达、信息传播迅速的时代，我们只要动一动手指，就能马上在网络上搜索并学习到许多自己感兴趣的知识与内容。正因为如此，现在的小学生很早就已经精通于各种电子设备以及网络的使用。他们在进入课堂前一定会有他们认知的前概念，并且这种前概念的知识面非常广，使得学生觉得老师今天讲的内容他都知道，从而失去了兴趣。所以一堂课中，导入的部分是非常重要的。如何在导入部分成功吸引学生的注意力是值得老师们去思考的。于是在科学组老师们商讨本学期波普尔循环的问题时，我提出了这个问题，并且尝试用试验性理论去解决问题，下面我以《声音的高低和强弱》为例，谈谈我的收获。

本节课导入部分设置的是老师来进行吉他演奏《小星星》，他们也一定觉得很好奇，科学老师居然还可以弹吉他？这一定是一堂非常有意思的"科学课"，一下子就调动了学生的兴趣。不仅如此，舒缓的音乐还可以把学生从课间的活动中拉入本堂课的课堂教学上。当学生欣赏完音乐后，就让他们说一说"你认为老师弹的声音为什么有高有低呢？"学生猜想后就告诉学生今天这堂课全班也要一起来演奏一首《小星星》。本节课的学习目标是：通过"模拟吉他"来探究影响声音高低的因素；运用"自创乐器"演奏《小星星》。

在学生明确本堂课的学习目标后，我们将通过两个大活动来实现这些目标。第一，利用教具"模拟吉他"来探究到底什么才是影响声音高低的因素。学生通过分组实验可以得知，物体的长短和粗细会影响物体发出声音的高低。第二，还是以小组学习的形式，运用"自创乐器"演奏《小星星》。在这里，由于时间有限，所以主要以改变物体长短的形式来改变声音的高低。给学生的材料有两大组，一组是药盒和皮筋，一组是水琴杯，学生通过抽签的形式来决定用哪组材料。在学生探究的过程中，通过改变物体的长短，能够"大致"找到"do""re""mi""fa""sou""la"六个音。每组在 20 分钟时间内，调整好自己组的"自创乐器"后，最后全班一起合奏一首《小星星》。

整节课都以弹奏《小星星》为主线。这样有任务性的、吸引学生的教学情境使学生能够更好地集中注意力。所以，设置适合本课和学生特点的教学情境对学生集中注意力学习并掌握相关科学概念至关重要。

李晶老师：上学期我参加了北师大举办的波普尔循环理论的学习，感受颇多。每次参加活动，我都积极参与讨论，和组里的老师们认真备课。整个学习过程让我有许多感受。

首先，我们发现，完整的表达是孩子要学会整体地描述实验，描述时有顺序、用科学的语言。这是科学描述的基本要求。在描述植物的时候，让孩子学会整体地认识一株植物：根－茎－叶－花－果实－种子（按照由下至上的生长顺序进行描述）。在描述花的结构的时候，让孩子学会按照由下至上、由外至内的顺序进行描述：花托－萼片－花瓣－雄蕊－雌蕊等等。在认识植物结构的时候，可以让孩子有序地进行描述。

在认识人体器官的时候，让孩子学会准确描述。消化道包括：口腔、食管、胃、小肠、大肠、肛门。在认识消化道器官的时候，学生经常会将口腔说成嘴巴。在认识口腔里的舌、牙齿、唾液的时候，要反复地纠正牙齿（门牙、切牙、磨牙）。这些都能让孩子具备基本的科学能力。

　　这一类的课程，可以引导孩子完整、有序、准确的描述。

　　其次，波普尔循环理论的学习，让我在课堂实施策略的时候方法要有所突破（课堂既要让孩子带着兴奋解决问题，又要培养孩子冷静地分析问题）。在课堂上，同样要注重让学生质疑，促进他们将学习、思考、质疑、提问、反思有机结合。例如，教育科学出版社小学《科学》四年级（下册）《液体的热胀冷缩》一课，我出示一瓶啤酒、一瓶雪碧让学生观察，让他们看一看、想一想，然后提问："面对这瓶啤酒和雪碧，你想研究的是什么问题？"学生观察后提出了许多问题：我想研究它们为什么会冒泡？我想研究它们的盖子为什么封得那么严实？为什么瓶里的啤酒和雪碧装不满，总是差那么一点点？……教师都给予充分的肯定和表扬："同学们提出了许多问题，这些问题涉及许多知识，今天我们只来研究其中的一个问题：它们在瓶中为什么不能装满？"学生看到研究的问题是由自己"创造"出来的，学习积极性倍增，创新欲望强烈。这样，既便于学生理解热胀冷缩的知识，又培养了创新意识。

　　这只是导入课题方面的教学策略，课堂中我们可以多学习和了解其他国家有关科学教学的经验，学其所长，丰富完善自己的教学策略。

　　最后，教师自身专业技能的提升，就要关注课堂是有学生成长的课堂（不仅仅是形式上的动手，更要有思维上的动脑）。教学中，我们要充分挖掘教材因素，引导学生大胆提出自己独特的见解，展开不同意见的争论，打破盲目顺从、迷信书本、被动听讲、被动问答的沉闷局面，使学生的思维突破常规和经验的禁锢，朝着独特的方向发展。通过此次活动，我感受到了教师具备领导力的重要性。只有教师具备一定的领导力，才能带领更多优秀的老师一起成长，学校才能培养出更为优秀的中流砥柱！

四、课例：《土壤》
——基于波普尔循环的研究课教学设计

在此次研究中，教师们的一些教学设计比较值得推广和学习。下面是路莹老师的教学设计《土壤》一课。

（一）指导思想与理论依据

通过参加学校北师大教师领导力培训项目，学习到波普尔循环理论，并应用到本课中。教学中，教师希望学生在科学实验中能够有重点地进行观察，通过有结构的实验材料帮助教师引导学生有重点的观察。

（二）教学背景分析

1. 教学内容

本课是首师大版《科学》教材三年级上册《人与大地》单元的第三课《土壤》的教学设计。

2. 教学内容分析

在教材中，本课在《砂和黏土》的基础上，认识土壤不是一种单纯的物体，而是由多种物体构成的。通过猜想、观察、比较、实验等活动，学生知道土壤是由砂、黏土、水、空气和腐殖质等成分构成的，由此建立土壤是一个混合物的概念；了解土壤的类型有砂质土、黏质土、壤土，通过联系植物与土壤的关系，构建"结构与功能相适应"的科学概念。

从《课标》看，本节课属于地球与宇宙领域，涉及《课标》中的内容标准为："14.3 陆地表面大部分覆盖着土壤，生存着生物。"

分析内容标准，我们了解到三年级学生要知道促成土壤的主要成分；观察并描述砂质土、黏质土和壤土的不同特点；举例说出砂质土、黏质土和壤土适宜生长不同的植物。

3. 学生情况

三年级的学生刚开始学习科学课，通过学习，学生能够运用多种感官观察、认识事物，从而获取信息，构建科学概念。这个年龄段的学生对于生命世界领域抱有很大的学习兴趣和强烈的好奇心，这种求知欲会促使学生更积极主动地参与探究活动。

通过对《岩石》《砂和黏土》的学习，学生掌握了使用放大镜观察事物的方法，并能够关注到物体的颜色、课例大小等特点。通过前测，我们了解到：课前，学生已经对土壤有了一定的认识，他们带着对土壤不同的"前概念"来到课堂上。有的学生在家种植过植物，知道不同的植物适合生活在不同类型的土壤中；有的学生知道蚂蚁和蚯蚓生活在土壤里；还有的学生可能对土壤的外部特征有一些经验。在本课的学习过程中，学生将分享他们知道的关于土壤的知识，预测在土壤样本中会发现什么，讨论预测的和观察之间的不同，用各种方法观察土壤，比较和记录观察的结果，与同组同学交流自己的新发现。

4. 我的思考

《土壤》一课传统的课堂教学方式是让学生经历"肉眼看、放大镜看、放到水中看"的观察活动，从而认识土壤的成分。然而，通过教学实践，我们发现学生不能集中注意力观察属于土壤的成分，反而对土壤中掺杂的虫子、植物根茎、塑料制品等"非土壤物质"更感兴趣。因此，我们想要学生首先明确观察的对象是什么。土壤中的腐殖质是学生难以观察到的成分，腐殖质的形成过程需要一定的时间，这部分内容是教学的难点。

5. 教学方式

探究体验学习、小组合作学习、讲授式教学相结合。

6. 教学手段

通过猜想、观察、实验等方式引导学生探究，与教师讲解相结合。

7. 技术准备

教学课件、实物投影。

（三）教学目标

1. 教学目标

（1）能够运用多种感官来认识土壤，知道土壤是一种混合物。

（2）体验猜想、观察、实验、验证等探究过程，知道土壤是由砂、黏土、空气、水、腐殖质等物质构成的。

（3）学会观察、描述、记录自己的观察结果，并与同伴交流分享。

（4）了解土壤的类型，知道不同的植物适合生活在不同类型的土壤中。

（5）对土壤产生兴趣，愿意亲近土壤。

2. 教学重点

知道土壤是由砂、黏土、空气、水、腐殖质等物质构成的。

3. 教学难点

了解腐殖质的形成过程。了解土壤的类型，知道不同的植物适合生活在不同类型的土壤中。

（四）教学过程

1. 导入

谈话：老师家里的植物该换盆了，需要一些土壤。什么样的土壤适合植物生长呢？为什么？

预设回答：湿润的、干净的、松软的、有营养的土壤适合植物生长。

谈话：同学们说得很有道理。

【设计意图】生活情境导入学习内容，体现科学问题来源于生活。通过提问、回答了解学生对土壤的前概念，帮助老师根据学生的前概念生成课堂教学。

2. 新授

（1）区分土壤与非土壤。

提问：老师带来了一些土壤，同学们看看这些土壤合格吗？适合植物生长吗？如果有不符合的，请你将它挑出放在小盒子里。

小组活动：观察土壤标本，并将土壤标本中非土壤物质捡出来放在盒子里。

学生汇报：我们的土壤不完全符合，我们发现土壤里有塑料袋、植物的根、虫子、玻璃等。

谈话：塑料袋、玻璃、植物等这些物质常混杂在土壤中，但不属于土壤。同学们挑出一部分，我们再观察土壤的时候就不要关注它们了。

【设计意图】通过此活动，让学生明确观察对象，排除干扰项。

（2）土壤里有什么？

提问：我们来观察土壤是什么样的？猜一猜土壤是由什么成分构成的？同学们打算用什么方法观察土壤呢？

预设：借助放大镜用眼睛看土壤的颜色、颗粒大小；用鼻子闻土壤的气味；用手摸摸、搓搓……

小组活动：观察土壤标本。

【设计意图】体验"猜想、观察、实验、验证等探究过程"，知道土壤由砂、黏土、空气、水、腐殖质等物质构成。

谈话：请同学们说一说你的发现。

学生汇报：

学生 A：我用手摸了摸土壤，发现土壤是湿润的，我猜它含有水。

学生 B：我用放大镜看到土壤里好像有颗粒状的砂和黏土，但是被一些黑色的物质黏住，看不清楚。

提问：我们怎样才能看清楚这些颗粒状的到底是不是砂或者黏土呢？你有什么好办法？

预设：可以用手捻捻，或者用水清洗。

演示：用筛子清洗土壤，露出砂的颗粒。

谈话：像这种颗粒比较大，有多种颜色的是砂，颗粒小的是黏土。通过筛洗能确定土壤中含有砂。

学生 C：我发现土壤是松软的，我认为土壤中存在着一定的空间，空间中有空气。

提问：土壤中有空气吗？你怎么证明呢？

预设：在《空气》一课中，我们把粉笔放进水里，水中的粉笔表面出现了气泡，因为粉笔中含有空气。我们可以把土壤也放进水里，如果出现了气泡，说明土壤中有空气。

小组实验：把土壤放进水里，观察水中的土壤是否冒出气泡。

学生汇报：我们看到放进水中的土壤里冒出气泡，说明土壤中有空气。

谈话：老师将土壤放进水中也看到了气泡，将它搅拌然后静置了一段时间，你们看看发现了什么？

预设：水中的土壤分层了，下面的是颗粒大的砂，上面是颗粒小的黏土。

谈话：我们再次证明了土壤中含有砂和黏土。

谈话：我们发现了土壤中含有砂、黏土、水和空气，是不是这些物质混合在一起就是能够种植植物的土壤了呢？（边说边演示）同学们对比观察老师混合制作的"土壤"和从外面挖来的土壤之间有什么不同？

预设：混合砂和黏土的颜色没有土壤黑，它没有营养，不适合种植植物。

提问：土壤中黑色的物质是什么？土壤中的营养又是谁提供的？

预设：有可能是动物的粪便，或者是落叶变成的。

谈话：让我们看一段视频了解一下。

播放视频：（BBC 有关腐殖质的形成）。

【设计意图】通过专业的纪录片视频辅助学生理解土壤中腐殖质的形成

过程。

学生汇报：通过视频我们了解到植物和动物死去后埋在土里，被分解得非常小，慢慢成为土壤中有营养的部分——腐殖质。

小结：土壤由哪些成分构成呢？

预设：土壤由砂、黏土、水、空气、腐殖质构成。

（3）土壤的类型。

谈话：同学们知道了土壤的成分后，再帮老师想想，什么样的土壤适合植物生长？

预设：我认为水多一点的，或者腐殖质多一点的，适合植物生长。

提问：如何控制土壤中这些成分的比例呢？

预设：我们可以多浇水，或者多施肥。

谈话：同学们的想法很好。其实土壤中砂和黏土的比例就能决定土壤成分的比例，不信你看——

播放视频：土壤中砂、黏土比例视频。

谈话：土壤中如果砂比较多，那么就是砂质土，渗水性强，这种土壤中的水和营养容易流失。如果黏土比较多，就是黏质土，渗水性差，这种土壤中的水和营养容易储存。而当砂和黏土的比例比较均等的时候，这种土壤就是壤土。这就是土壤的三种类型。

【设计意图】了解土壤的类型，知道不同的植物适合生活在不同类型的土壤中。

提问：那么，老师的植物适合哪种土壤呢？

预设：不同的植物适合生长在不同类型的土壤中，比如仙人掌适合生长在砂质土中，荷花生长在黏质土中，而普通的绿色植物适合生长在壤土中。

3. 总结

谈话：今天我们认识了土壤的成分，了解了土壤的三种类型，还知道了不同的植物适合生长在不同类型的土壤中。同学们回家后调查一下自己家的植物种植在什么类型的土壤中，是否适合植物的生长。如果不适合，请你为它选择适合生长的土壤。

（五）学习效果评价设计

1. 评价方式

在指导思想的引领下，我将本课中的学生表现做评价。在课堂教学过程中，通过学生在观察、实验、提问环节的表现，评价学生对于本课土壤的知识构建水平。根据学生的课堂反馈，评价学生能否实践运用所学知识，初步认识土壤的成分、土壤的类型，并能够根据不同植物的特点选择适合生长的土壤。评价方式以过程性评价为主，多为师生间的口头评价、生生间的互评。根据对学生的评价，及时给予学生必要的指导和帮助。

2. 评价量规

	内容	我完全做到	我做得还可以	我下次努力（注意）
规则	1. 认真倾听、仔细观察			
	2. 爱护实验器材			
	3. 小组合作，互相礼让			
交流	1. 与同学交流想法			
	2. 与老师交流想法			
新知	1. 认识土壤的成分			
	2. 了解土壤的类型			
	3. 根据不同植物选择适合的土壤			

（六）本教学设计与以往或其他教学设计相比的特点

1. 反向思维模式帮助学生明确观察对象

传统的课堂中，教师让学生观察土壤标本，学生却将注意力集中在非土壤成分中。因此，本节课反向思考，先将非土壤物质挑出来，排除干扰项。

2. 利用多媒体视频帮助学生建构科学概念

本课中，对于土壤中腐殖质的成分，学生难以观察，也难以理解。通过专业的纪录片视频辅助学生理解土壤中腐殖质的形成过程。

总之，通过参加"基于教师领导力培育领袖教师的行动研究"课题，通过全组老师共同学习并实施波普尔循环，我们有意地发现教学中的问题，并用教学方法和教学策略去解决问题，同时把经验和想法记录下来，养成教学中研究、研究中教学的好习惯。

促进小学生课余时间使用新媒介提高学习的研究①

——波普尔循环在小学品德与社会学科教学中的应用

一、引 言

随着手机和平板电脑迅速普及，越来越多的小学生开始拥有并且利用这些电子新媒介，它们将会在小学生的学习和生活中产生各种各样的影响。了解小学生经常使用平板电脑或者手机的基本情况，对小学生利用新媒介促进学习提供一些应对之策，无疑对学校教育、家庭教育、社会教育均具有深远的研究意义。

之所以研究这个问题，基于以下原因。

（一）源于教育教学和生活实践

相关了解得知，平板电脑和手机等电子媒介自问世以来，就非常迅速地得到了很多小学生的喜爱。不少人针对孩子们最想收到的节日礼物进行了调查，发现 iPad 等平板电脑、智能手机等科技产品最受青少年的青睐。现在，用 iPad 听儿歌、看动画故事，用智能手机上网查找资料、聊天等，

---

① 本专题作者与承担任务为：崔玉文（制定研究计划、听课指导、设计调整任务单、撰写研究报告、阶段进展撰写和上传、最终汇报交流）；佟磊（撰写教案、承担两节公开课、下发任务单、组织学生分享交流）。

已经成为孩子们非常喜欢的活动。拥有平板电脑或者手机的小学生数量之多、各种电子媒介普及速度之快，以及它们越来越深入小学生学习与生活中，都是我们教育工作者始料未及的，不得不让我们开始认真思考它们会对小学生产生哪些影响，应该如何应对。虽然社会各界都在对电子媒介进行热议，但是我们不难发现，这些热议和讨论多见于期刊杂志，很少有较为深入的调查研究。

生活中我们能发现：在家里、在上下学路上、在等候大人的办公室、在餐馆的餐桌旁、在公共交通工具上甚至在厕所里，随时随地都能看到手机和平板电脑等电子媒介被学生们使用。不言而喻，各种电子媒介在学生们的课余生活中扮演了极其重要的角色。

笔者的工作单位系北京史家胡同小学。在与学生接触的过程中，发现部分学生悄悄地把手机或者平板电脑带到校园里，利用课余时间三五成群地躲在角落里玩。日常交流中，他们也特别喜欢谈论平板电脑和手机等电子媒介，家长普遍反映孩子在家也非常爱玩它们。那么，以平板电脑和手机为代表的电子媒介在小学生的课余时间使用情况如何呢？通过观察发现，小学生课余时间非常喜欢接触手机或者平板电脑等新媒介，主要用途是玩游戏、看动画片等。北京史家胡同小学在课堂利用手机和平板电脑展开教学不是很多，学生利用它们主要是在课余时间。

再者，笔者在学校主要从事小学品德与社会教学。这是一门比较综合的学科，需要学生具备广博的知识。在教学中，教师发现有些学习主题比较困难，因为学生年龄小，缺少生活经验和社会经历，需要教师讲解的比较多。如果结合教学，课前以任务单的形式，指导小学生课余时间利用新媒介查找学习资料、课上汇报，学习效果可能会有所改观。而且，根据上交的任务单，教师一次次辅导学生如何收集整理信息，关注学生的实际需要，不仅有效促进学生的学习兴趣，而且收集整理信息的能力也在不断提高。希望此项研究对一线教师指导小学生利用新媒介促进学习有一定帮助！

（二）源于时代的需要

全球处于智能化时代，电子媒介越来越普及，新媒介成为人们生活的一部分。各种新媒介自问世以来就迅速地得到了成人甚至少年儿童的青睐。调查显示，北京史家胡同小学学生家中拥有手机和平板电脑的比例分别高达99.5%和84.1%，这些为小学生课余时间接触电子媒介提供了方便。然而，小学生喜欢新媒介的主要原因是觉得好玩、有趣，喜欢里面的游戏、动画片等。家长和小学生都希望这些新媒介能够促进学习。

作为家长和教育工作者，需要清醒地意识到：对于新时代的小学生，电子媒介和网络已成为一种生活文化，无法"回避""隔离"。在新的媒介环境和历史条件下，教育者要尊重学生既有的媒介知识和体验，引导他们正确使用新媒介，这些都是时代的需要。

（三）源于他人的研究

笔者查阅了大量文献，发现一些利用新媒介促进学习是教师开展课堂教学的方式，但很少研究是从课余时间利用新媒介促进学习这个角度。

而且，根据当前的研究，我们不难看出，随着电子媒介的发展，手机和平板电脑在小学生生活中有了大面积普及，但针对这个特殊年龄阶段、这一特殊群体的相关研究并不常见，以往的研究更多是针对大学生或者中学生群体。

再者，传统媒介研究不少，新媒介研究文献明显不足。人们使用的智能手机和平板电脑是运用电子技术进行信息传播的新型电子媒介，与普通手机、普通台式电脑、笔记本电脑等电子媒介相比，它们问世较晚，因此专家在此前提及的电子媒介当中，涉及这两类产品的不是很多，个别研究也不够深入全面，所以还没有引起社会各界的高度重视，不足以提醒学生小心使用。因此，针对手机、平板电脑等电子媒介的研究就极为必要。

通过阅读相关文献，笔者发现很多文章是关于手机、平板电脑等电子媒介对学生的积极作用，不少专家和家长在诸多方面的反映是相同的。它们作为新时代的产物、作为现代科技带来的新工具，对青少年的积极影响，是值得肯定的。其有利影响主要反映在促进学生学习新知识、开阔了广大中小学生的视野、扩大了中小学生的交往面，有助于专注力的培养和手眼协调能力的培养，能够刺激学习的兴趣，达到更好的学习效果。同时也不能小觑电子媒介的消极影响，已经有研究者关注到这些问题。如，经常使用平板电脑，会影响儿童的视力，影响儿童的颈椎发育，影响儿童的睡眠；影响儿童与人的正常交流，容易让儿童上瘾，从而不可自拔；影响儿童智力的发展，影响儿童的想象力和创造力；形成盲目追求时尚的虚荣心理，造成学生间的攀比；心智尚不成熟的学生往往会被各种不良手机信息所迷惑，甚至影响世界观、人生观和价值观，导致中小学生人格的障碍，失去养成人生品格的重要机遇……在这样的背景之下，针对"小学生课余时间使用电子媒介情况"进行研究，并且结合事实和相关文献做出影响分析，提出合理化的建议，就变得非常有必要和有实际意义了。

基于以上原因，笔者决定对手机和平板电脑在北京史家胡同小学学生中的使用情况展开研究，最终揭示它们对小学生的影响，并试图给出合理化建议和对策，期望能够对当前的学校教育、家庭教育等起到借鉴作用。

二、研究目的与研究意义

（一）研究目的

本研究的目的是通过对北京史家胡同小学不同年级的学生进行问卷调查、对部分学生和家长进行访谈，了解小学生家中拥有平板电脑和手机等电子媒介的基本情况、使用电子媒介的时间和内容情况、家长对电子媒介的态度、平板电脑或者手机等电子媒介对小学生的影响，进而分析产生影响的原因，并为小学生使用电子媒介提出合理的建议。

(二) 研究意义

随着手机和平板电脑的迅速普及，越来越多的小学生开始拥有这些电子媒介，甚至对它们产生依赖。为此，许多媒体开始讨论手机和平板电脑等电子媒介将会在中小学生的学习和生活中产生哪些方面的影响，这显示了社会对这一问题的重视，但缺乏相应的数据资料和深入探究。正如邓小平同志所言："教育是一个民族最根本的事业。……要从娃娃抓起。"① 关注中小学生的教育大计、关心少年儿童的健康成长、了解小学生经常使用平板电脑或者手机做哪些事情、研究其中的利弊关系、探索解决问题的应对之策，对学校教育、家庭教育、社会教育均具有深远的意义。

1. 理论意义

经济的发展推动科技的进步，而科技的进步促进电子媒介的发展。从20 世纪 90 年代起，电脑开始普及，改变了人们的生活方式，智能手机和平板电脑的出现进一步颠覆了人们以往的媒体接触习惯，改变了人们的生活状态。随着手机和平板电脑的功能越来越丰富、售价越来越低廉，它们成为许多人生活中的必需品，尤其是部分小学生已经拥有了自己的手机，他们把平板电脑等作为自己最喜欢收到的礼物。

各种电子媒介以其便携性、交互性、多媒体、数字化、易学易用等特点吸引着小学生的注意力。新媒体传播信息所起的作用越来越大，新媒介会对小学生的生理发展、心理发展、社会化发展等方面产生潜移默化的影响，这些都值得教育工作者们给予关注。由于平板电脑和手机属于电子媒

---

① 邓小平："会见香港知名人士时的谈话（1986 年 4 月 19 日）"，《人民日报》，1986 年 4 月 20 日。

介，因此对它们进行研究，一方面将拓展人们对电子媒介的研究范畴，另一方面将提升理论上的分析与研究水平。

2. 现实意义

手机或平板电脑等电子媒介在小学生的课余生活中影响越来越大、越来越广。正如我们在生活中经常能看到的：小学生课余时间使用手机或平板电脑等电子媒介的现象非常多。在与小学生和家长访谈时也证实了这些电子媒介成为学生课余时间特别喜欢的玩具，几乎每天都在接触它们，受着各种影响。

小学是人生中较为幼稚的时期。小学生还不能全面、深刻地去认识世界、看待问题，当他们接触电子媒介时，视力、心理健康等也较容易受到损伤。

电子媒介就像一把双刃剑，利弊集于一体，小学生在面对它时，需要趋利避害，充分发挥电子媒介的优势，避免或者减少电子媒介的不良影响。

有鉴于此，研究手机或平板电脑等电子媒介的使用情况及影响将会给教育工作者、小学生家长、社会相关人士提供借鉴，从而切实帮助小学生合理地使用电子媒介。

三、研究方法与理论依据

（一）研究方法

基于以上问题的思考，笔者将在行动研究的基础上，采用波普尔循环方法。在具体操作中，发现问题，利用理论设想解决问题的方法，在实践过程中找到成功与不足，发现新的问题并且尝试解决，直到问题最终有效解决。

同时，配合采用以下方法展开研究：既采用量的研究方法，也采用质的研究方法，争取使这两类研究各展所长，并相得益彰。

质的研究是以研究者本人作为研究工具，在自然情境下采用多种方法收集资料，对社会现象进行整体性探究，使用归纳法分析资料和形成理论，通过与研究对象互动对其行为和意义建构获得解释性理解的一种活动。[①]

使用质的研究方法做论文，基于以下考虑：本文的研究对象是一群小学生，他们发育还未定型，但已经在逐步具备自己的思维和个性，并且日益走向成熟完善。量的研究虽然可以通过统计学的相关方法揭示手机和平板电脑等对小学生影响的一些共性的规律，但是很难向我们揭示出这些行为的深层次原因。这些都是量的研究所难以解决的，而质的研究方法则从另外一个侧面提供了一条行之有效的研究思路。

当然，量的研究也有其固有的优势，所以本文同时还使用量的研究方法，在实际调查资料的基础上，归纳总结小学生使用手机和平板电脑的基本情况，然后探寻影响以及相关对策。

本文先采用问卷调查的方法，运用统计数据对小学生实际拥有手机和平板电脑等电子媒介的比例、小学生使用的基本情况进行描述，针对问卷当中发现的一些问题，对个别小学生和家长进行访谈，进行更为深入细致地研究分析。

同时，还综合运用文献研究法和观察法等方法，辅助本项研究工作。

1. 问卷调查法

问卷调查法是通过从总体中抽取样本，利用设计好的问卷，从被调查者中抽取所需的具体信息的方法。本研究通过问卷了解北京史家胡同小学小学生使用手机和平板电脑的具体情况，通过统计分析，以期进一步找到相应的对策。

2. 访谈法

访谈法（interview）是指通过访员和受访人面对面地交谈来了解受访人

---

① 陈向明：《质的研究方法与社会科学研究》，教育科学出版社 2000 年版。

的心理和行为的心理学基本研究方法。本研究的访谈不仅深入班级对学生进行访谈，还有对学生家长进行的访谈，从多方面、多角度更加细致全面地了解学生的情况，弥补了问卷调查法的不足，使得研究更具有科学性、针对性和可行性。

3. 观察法

笔者深入班级了解学生，并利用课余时间与学生在一起，通过细致入微的观察以及交流，掌握学生在家中和学校课余时间使用手机和平板电脑等电子媒介的情况。

研究方法		解决问题
行动研究：引导小学生课余时间利用新媒介促进学习	问卷调查法	小学生使用新媒介的基本现状是什么（使用什么新媒介、使用时间和用途、用于学习的内容、对新媒介的态度等）
	访谈法	补充了解基本现状，分析哪些因素导致现状，调查是否愿意促进学习
	观察法	深入班级观察学生，多与学生在一起，通过细致入微的观察，发现课堂前后呈现变化的情况

（二）理论依据

1. 班杜拉的社会学习理论

社会学习理论是由美国心理学家阿尔伯特·班杜拉（Albert Bandura）于 1952 年提出的。它着眼于观察学习和自我调节在引发人的行为中的作用，重视人的行为和环境的相互作用。该理论探讨个人的认知、行为与环境因素三者及其交互作用对人类行为的影响。按照班杜拉的观点，以往的学习理论家一般都忽视了社会变量对人类行为的制约作用。他们通常用物理的方法对动物进行实验，并以此来建构他们的理论体系，这对于研究生活于社会之中的人的行为来说，似乎不具有科学的说服力。由于人总是生活在一定的社会条件下，所以班杜拉主张要在自然的社会情境中而不是在实验室里研究人的行为。[①]

正如班杜拉所指出："所谓社会学习是通过对他人的行为观察后所获得的适应社会的一种学习活动。主要观点为：第一，强调人的思想情感和行为不但受直接经验的影响，也受观察的影响，观察学习即间接经验学习使学习过程缩短；第二，强调人具有自我控制、自我调节的能力，人能对刺激进行选择、变换和综合，并根据产生的刺激影响自己的行为。"在笔者进行的小学生使用电子媒介的访谈中，家长在谈及"电子媒介带来的影响"时回答"信息化时代，如果完全不让孩子接触电子媒介，会让孩子少许多跟其他孩子谈论的话题，会让孩子感觉自己很落伍"。这些是信息化的社会大环境对家长和学生的影响。另外，家长对于电子媒介的态度与使用情况也会作为家庭环境对孩子产生影响；学校新媒体的教育环境也是不容忽视的影响。既然电子媒介是一把双刃剑，就需要解决使用中可能产生的负面影响，而班杜拉社会学习理论可以成为解决上述难题的良药。

首先，运用"观察学习"理论，发挥榜样示范作用。运用班杜拉社会学习理论的"观察学习"理论，可以通过观察模仿成人活动，促进小学生健康生长。具体而言可以开展"榜样教学"，即成人严格控制自己使用电子媒介的时间，为小学生做出榜样。成人多进行爬山、健走、跑步等其他健康的活动内容，让小学生亲身参与并且模仿；同时，当小学生正常使用手机或者平板电脑时，为他们选取一些适合孩子的软件和内容，发挥其积极影响作用。班杜拉指出："个体行为除了通过直接经验获得之外，大多数是通过对榜样的观察（也即间接经验）获得的。""观察学习"又叫"替代学习"，是个体通过对榜样的行为的观察，做出与之相应的行为的过程。通过"观察榜样"，也可以提高学习者对自我效能的预期。学习者能够从观察榜样、克服困难的过程之中获得自己战胜困难的信心。这样一来，学生合理

---

① 阿尔伯特·班杜拉：《社会学习理论》，中国人民大学出版社 2015 年版。

安排使用电子媒介的时间、正确发挥电子媒介的优势作用，就能更好地展示手机和平板电脑等电子媒介的积极影响，避免其消极影响了。

其次，运用班杜拉社会学习理论，进行有效的电子媒介使用监控。班杜拉在社会学习理论中指出："观察学习者的行为受三种因素的影响：替代强化、自我强化和外部强化。"班杜拉认为，以上提到的这三种强化是学习者再现榜样示范行为的动机。在外部强化中，赞扬和惩罚都能对观察学习者的行为发挥强化作用。为了引起小学生对使用手机、平板电脑等电子媒介时间和内容的重视，家长和教师经常对其提出肯定或批评是很有必要的。对于这一点，过往的很多经验均已证明：学生若能够很好地控制自己，便能得到成人的表扬，从而感受到成功的喜悦，并激发学生继续很好地自我控制。但需要注意的是，小学生因为年幼的原因，自控能力尚不强，需要时刻得到家长、老师等成年人的监督和帮助。

2. 认识与实践辩证关系原理

马克思主义认为："实践是认识的基础，认识是主体对客体的能动反映，认识与实践是统一的。认识与实践的统一，是马克思主义认识论的本质规定。在实际工作中运用这一原理，就必须做到：①一切从实际出发；②在实践中坚持和发展真理；③认识世界和改造世界是辩证统一的。"[①]

其中，一切从实际出发就是指："在处理实际问题时，一定要把客观存在的事物作为观察问题和处理问题的根本出发点，要尊重客观事物存在和发展的基本规律，按客观规律办事。"这就要求我们在研究和解决小学生使用手机和平板电脑等电子媒介的问题时，要以信息化社会的存在和发展、小学生的发展特点和主要学习方式这两个实际情况出发，我们所制定和建立的应对策略以及相关监控机制都应该符合小学生的发展规律，都必须紧

---

① 《马克思主义基本原理概论》编写组：《马克思主义基本原理概论》，高等教育出版社 2010 年版。

跟信息化社会发展步伐，这样才能有利于小学生电子媒介使用问题的有效解决，并推进信息化社会更快、更好地发展。

小学生年龄比较小，好奇心强、精力充沛，对一切充满了探知欲和好奇心，经常会问各种各样的问题。他们的思维具有具体形象性，主要是通过视觉和听觉直接获得外界信息、认知事物。小学阶段是语言发展的关键时期，学生的语言表达能力在此期间迅速发展，语言复杂性也日益增强，但他们有时候只能关注到表面的、明显的信息，不能理解语言的深层含义，理解能力、判断能力仍存不足。小学生的自我评价能力还不完全具备，由于大脑神经系统还未成熟，自控能力弱，易受外界因素的影响，易受他人的影响和外界信息的暗示。小学低年级学生，特别是刚入学的一年级学生，明显地表现出不善于分配注意力等现象，他们在同一时间的注意力只能集中在某一个对象上，还不能对注意力进行合理、有效的分配。随着他们的学习活动以及其他活动范围不断扩大、知识技能不断提升，小学生的注意力分配的能力会逐步发展，中高年级学生将可以在同一时间里把注意力分配在几个对象上。

小学生主要的学习方式是通过观察模仿学习，特别是低年级学生的知识水平和语言水平还很有限，具体形象思维占重要地位，因此，具体生动的、直观形象的事物容易引起他们的注意。[①] 观察学习主要通过感官直接接触，即视觉、听觉、触觉、嗅觉、味觉等，即广义的观察来进行学习。而小学生的观察学习常常与模仿紧密相连，主要是模仿一些表面现象，他们所观察模仿的对象可能是父母、老师或者电视、计算机等电子媒介中的形象。随着小学生学习活动的进展和知识水平的提升，随着以词为基础的第二信号系统和抽象逻辑思维能力的逐步发展，学生对具有一定抽象水平的各种材料的注意也将逐步发展起来，才会运用到发现学习等学习方式。

---

① 李晓东：《小学生心理学》，人民教育出版社 2003 年版。

电子媒介（特别是手机、平板电脑等）对小学生有一定影响，是由小学生这一群体自身的发展特点及其主要学习方式决定的，这就要求研究者要从小学生的实际情况出发，坚持认识与实践辩证关系原理中的"一切从实际出发"。这些和班杜拉的社会学习理论一样成为此项研究的理论基础。在进行本项研究的过程中，始终贯穿这些重要理论因素，并力求藉此找到解决问题的正确有效的办法。

四、具体实施

（一）研究问题

本研究聚焦了两个问题：

（1）了解小学生家中拥有平板电脑和手机等新媒介的基本情况。

（2）研究小学生课余时间使用新媒介如何培养搜集整理信息的能力。

（二）研究框架

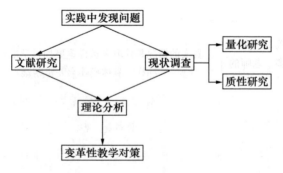

（三）研究过程

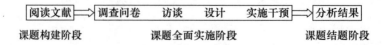

　　那么，以平板电脑和手机为代表的新媒介在小学生课余时间利用情况如何？只有具体了解实际情况，才能将本项研究进行下去。

　　接下来，运用波普尔循环方法，记录具体思考和实施的过程。

波普尔循环步骤	反思性说明与诠释
问题1（P1）： 小学生课余时间接触新媒介的情况如何	随着手机和平板电脑迅速普及，越来越多的小学生开始拥有并且利用这些电子新媒介，它们将会在小学生的学习和生活中产生各种各样的影响。了解小学生经常使用平板电脑或者手机的基本情况、对小学生利用新媒介促进学习提供一些应对之策，无疑对学校教育、家庭教育、社会教育均具有深远的研究意义。 　　虽然整个社会新媒介比较普及，但每个小学生的家中情况不同、拥有新媒介和使用新媒介的现状也可能有区别，需要准确了解实际情况，才能真正有效开展课题
试验性理论1（TT1）： 可以在学校进行问卷调查或访谈，了解实际拥有和使用新媒介的情况	比较熟悉的问卷调查法和访谈法还是能够客观准确地了解一些情况，可以适时采用，有助于课题研究。 　　问卷法：小学生使用新媒介的基本现状是什么（使用什么新媒介、使用时间和用途、用于学习的内容、对新媒介态度等）。 　　访谈法：补充了解基本现状，分析哪些因素导致现状，调查是否愿意促进学习
消除错误1（EE1）： 学校有六个年级100多个班级，如果抽样多，老师的精力和时间不允许进行大量统计	真实的情况是抽取大量样本更加科学准确，但学校的班级多，如果都抽样，具体操作会非常困难
问题2（P2）： 如何进行选样，方便具体调查，从而准确了解情况	可以从学校年级和班级进行抽样调查和个别访谈，这应该是个比较好的方法
试验性理论2（TT2）： 每个年级可以抽出一些班级进行问卷调查或访谈，了解使用情况	这种抽样确实方便统计，而且孩子年级不同，拥有和使用新媒介的情况肯定大不相同，最后结果更客观，更是了解一所学校情况的好办法

续表

波普尔循环步骤	反思性说明与诠释
消除错误2（EE2）： 学校有六个年级，每个年级学生使用新媒介的差异性比较大，不好进行接下来的统一研究	在实际调查中发现，一二年级的孩子因为年龄小，家长对孩子使用新媒介限制比较严格，拥有和使用率比较低；中高年级学生已经具备一定的能力，使用新媒介更多，操作更熟练，更容易进行接下来的课题研究。如果还调查了解低年级学生，可以反映学校新媒介拥有和使用状况，但接下来的活动他们受年龄限制，不是很容易进行下去
问题3（P3）： 如何具体操作，方便接下来的深入研究	研究哪些学生，需要进一步细化，为今后真正实践操作做好充分准备
试验性理论3（TT3）： 根据工作方便，可以抽出自己任教的一个年级中的一些班级进行。因为是自己的学生，每周上课两次见面，接下来的研究工作也更方便	这样选择的确容易进行，节省老师的大量时间和精力。都是自己实际教学的学生，比较熟悉和了解他们，当学生在实践操作中遇到困难时，非常容易沟通，帮忙解决问题，为今后继续操作扫除障碍
消除错误3（EE3）： 确实方便操作，但与课题《小学生课余时间利用新媒介促进学习的研究》有些出入，范围过小，可以加入副标题"以北京史家胡同小学四年级品德与社会学习为例"	在实践中不断发现矛盾和不足，及时调整课题题目，这也是选题逐渐聚焦的一个过程。课题一旦确定，接下来的工作目标性更强，更容易操作了

　　由此可见，在本次调查研究过程中，笔者在一个个小问题的不断尝试解决中找到新的矛盾，再次不断解决，最终第一个大问题得到解决。

　　作者针对北京史家胡同小学学生"使用什么新媒介、使用时间和用途、用于学习的内容、对新媒介的态度等"进行问卷调查。调查结果显示：北京史家胡同小学学生家中拥有手机和平板电脑的比例高达99.5%和84.1%，说明新媒介在小学生中普及率很高，这些为小学生课余时间接触它们提供了方便。手机和平板电脑成为小学生课余时间特别喜欢的新型玩具。

基于研究者的学习状况、在北京的实际工作地点和环境情况以及实际能力，笔者将以北京史家胡同小学六个不同年级的小学生为例，针对"小学生使用平板电脑或者手机的情况"进行实际调查和理论探究，并对一些家长进行访谈，了解孩子使用电子媒介的相关情况。笔者于 2017 年 10～12 月，对北京史家胡同小学六个不同年级的小学生进行了调查。其中，一年级学生书写和识字有一定困难，采取了口头调查访问的方式；二至六年级学生识字认字比较多，采取了问卷调查。调查结果显示：五个问卷调查年级的小学生中家庭拥有平板电脑和手机的比例已经高达 84.1% 和 99.5%；拥有平板电脑或手机的小学生当中，30.92% 的人每天使用这些电子媒介的时间在 0～0.5 小时之间；24.15% 的小学生每天使用这些电子媒介的时间在 0.5～1 小时之间；16.43% 的小学生每天使用这些电子媒介的时间在 1～1.5 小时之间；8.21% 的小学生每天使用这些电子媒介的时间在 1.5～2 小时之间；13.01% 的小学生每天使用这些电子媒介的时间在 2 小时以上。

由此可见，电子媒介在小学生课余生活的使用问题及其相关影响非常值得研究，证明此项研究也非常有价值。因此，对小学生课余时间使用新媒介的情况进行研究，无疑会对学校教育、家庭教育具有现实意义。

作者还通过访谈方法，补充了解北京史家胡同小学学生课余时间使用新媒介的基本情况，结果显示：小学生课余时间使用新媒介基本正常，但需要成人监控；小学生使用新媒介用于学习的不多，家长和学生都希望新媒介有利于学习。但目前来说，小学生使用新媒介主要是玩游戏、看动画片等。个别小学生尽管答应家长每天最多玩一个小时，但自控能力比较差，家长比较苦恼。在学校里，小学生对于教师还是比较信任的，比起家长多数孩子更听老师的教导，如果学校教师能够对小学生进行引导，尤其是指导他们更多地用新媒介促进学习，无疑会起到更好的作用。多数孩子能够遵守使用新媒介的时间，在用新媒介学习任务的情况下，选择了不玩或者少玩游戏、进行有意义的学习资源搜索，无疑使新媒介更多发挥了积极的作用。

因此，正是现实生活的实际需要和真实的调查数据，促使研究者开始了此项研究，并且使用到自己的教学设计中。

紧接着进入第二个问题的研究：结合新媒介使用情况，指导学生课余时间使用新媒介促进学习。

1. 教师根据学生生活需要和实际调查数据全方位引导学生

考虑到笔者研究工作方便，最终选定四年级 9 班作为此次研究的重点对象。经过发放调查问卷，认真统计结果，最终发现本班学生家中拥有平板电脑、手机等新媒介和使用的基本情况如下：

四年级 9 班男生 20 人，女生 20 人，共 40 人。家中拥有手机的是 40 人；家中拥有电脑的是 40 人；家中拥有 iPad 等平板电脑的是 33 人；家中拥有电视的是 39 人；家中拥有音响的是 33 人；家中拥有 MP3 的是 4 人。如图 1 所示。

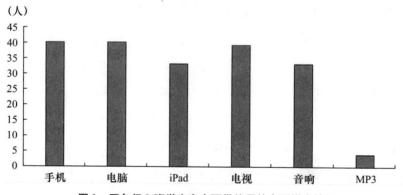

图 1　四年级 9 班学生家中可供使用的电子媒介情况

通过以上调查发现：现代家庭中各种电子媒介已经很普遍了，家庭拥有手机和平板电脑的比例相当高，单独研究这两类电子媒介在小学生中的使用情况也就更有实际意义了。

经过调查发现，该班同学最喜欢的电子媒介是手机的是 8 人，最喜欢的电子媒介是电脑的是 10 人，最喜欢的电子媒介是 iPad 等平板电脑的是 15 人，最喜欢的电子媒介是电视的是 1 人。如图 2 所示。

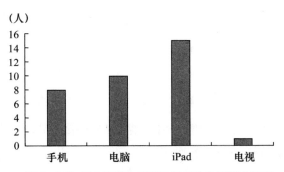

图2　四年级9班学生最喜欢使用的电子媒介情况

通过以上调查，小学生普遍喜欢平板电脑如 iPad 和手机，所以本研究重点关注手机和平板电脑这些新媒介对小学生的影响，可以说也非常符合小学生的实际情况，有一定的时效性。

进一步发现，该班同学喜欢电子媒介中的游戏的是 13 人，喜欢电子媒介中的视频如动画片、电影、纪录片等的是 3 人，喜欢用电子媒介查找相关资料的 4 人，觉得电子媒介好玩的是 18 人，用电子媒介进行娱乐的是 2 人，认为电子媒介功能多的是 1 人，觉得使用电子媒介时尚的是 2 人，觉得电子媒介有真实感的是 2 人，用电子媒介听音乐的是 2 人，用电子媒介打发时间的是 1 人，用电子媒介追求刺激的是 1 人。如图 3 所示。

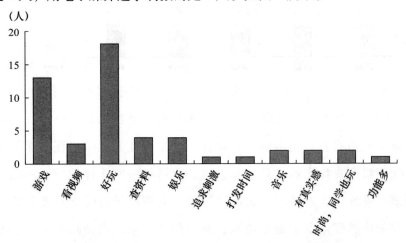

图3　四年级9班学生课余时间使用电子媒介功用情况

从以上调查看出：四年级的学生喜欢电子媒介更多的原因是觉得电子媒介好玩，喜欢里面的游戏内容。

以上调查和访谈结果说明：从事一线工作的教育者引导小学生正确使用新媒介是非常有意义的一件事，小学生对于新媒介的拥有情况为本研究的顺利进行提供了实践基础，他们对新媒介的使用情况也确实需要教师的引导，这也说明本研究非常具有研究价值。

以往教师只是关注课堂教学，没有或很少关注对学生课前和课后的引导。但实际生活中，学生的生活场所、学习场所都关系到学生的成长和进步，需要教师全方面引导。

2. 教师根据学生的实际情况和学习单反馈不断采取相应措施

教师课前为学生提供了学习单，指导学生在家里利用新媒介查找资料、课上汇报等。教师关注学生的每次反馈，认真阅读每份任务单，找到不同时期学生的不同需求调整教学，才能更好地促进小学生使用新媒介提高学习。

第一次，教师根据教学需要设计了"搜集互联网给人们生活带来影响"的小任务。看完学生的任务单，教师发现存在以下一些问题。

（1）关于如何搜集信息，仍需细致指导。

考虑到小学四年级的孩子有的不会利用新媒介搜集信息，于是在 2018 年 1 月 4 日在计算机教室进行了搜集信息的培训。结合教学进度，教师选取了品德与社会教学内容《面对自然灾害》一课。四年级学生一般 10 岁，生活经验比较少，基本没有遭遇过自然灾害，只是通过书籍、电视、广播等渠道知道一些面对自然灾害的应对措施。于是，在发第一份任务单、让学生独立用新媒介查找资料之前，非常有必要进行一些集体辅导，如用什么搜索引擎、地址栏、关键词怎么填写等等。有些孩子以前有过搜集资料的经历，但如何整理信息不是很熟悉；有些孩子从来没有使用过百度、谷歌等等。如果教师完全采用演示法，会的孩子就会觉得没意思，白白浪费时间。所以，课堂学习最终采用了小组互帮互学的方法：5 个同学一组，共同查找一种自然灾害，比如地震、洪水、泥石流等等，小组内部进行分工，有过查找资料经历的学生负责用电脑查找信息，没有相关经历的学生可以观摩学习，负责最后的汇总和汇报等任务。最后，学生以小组方式交流讨论，大家都很积极踊跃，学习效果是显著的。比起教师演示、学生模仿，小组互帮互学更加有意思，也保证了一些已经熟悉操作的孩子通过帮助小组成员获得快乐，其他不会的孩子在观看别人操作时也明白步骤了，尝试着利用自己面前的电脑进行信息查询。在计算机教室完成的这节品德与社会课既完成了教学任务，也引导学生初步学会了运用新媒介搜集信息的方法，当然对自然灾害的应对办法有了更多更全面的了解。这节课之后，学生为独立在课余时间利用家中新媒介查找相关信息做了充分的准备。

（2）学生在整理信息方面存在困难，需要全班辅导或个别辅导。

本以为每个学生都学会了如何查找资料，但第一次任务单收上来后，反馈出来的结果仍然是水平不同：有的孩子完全明晰，也有的孩子稀里糊涂，只是应付任务。

如以下显示：

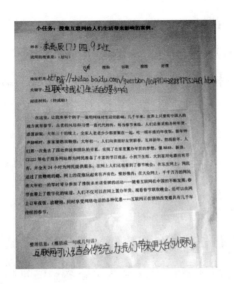

　　学生在阅读完一段文字时，需要从众多的信息中整理出重点信息，概括成一句或几句话，有不少孩子整理得不准确，回答也不全面。如学生第一次独立完成的任务单"互联网给人们生活带来的影响"，可以看出小学四年级的孩子在总结主要内容方面还要不断训练，否则会有大段的不重要的内容，如何提炼信息方面要加强；而且，互联网给人们生活带来的影响应该用辩证的思维来思考，既有积极的影响，也有消极的影响。学生通过阅读信息，总结积极、消极影响各有哪些。但多数孩子只有积极影响或者只有消极影响，而且有的也只是写了其中一条，总结远远不够。

　　接下来如何去做？教师经过思考和比较，从40多份任务单中选出几份回答问题全面、经过整理信息过程的优秀作品，找到这些作者，询问他们的好方法，鼓励他们在课堂上与同学进行交流。以往的教学经验证明：学生讲方法比教师讲方法还吸引大家的注意力，学生之间用自己的语言交流共享，学习效果也更好。

　　总之，发现问题以后，教师需要更细致地指导学生如何去做，这样才能保证搜集信息结果的准确性和课堂发言的积极性。

　　第二次，教师结合教学进度，设计了新的任务单"搜集交通发展带来的影响"，发现以下情况。

　　（1）关于搜集信息的全面性，学生相互交流后大有改观。

　　第一次因为很多孩子只是在任务单上记录了影响的单方面，不够全面详细，经过相互分享经验之后，学生有了查找信息要全面的意识。这次在搜集交通发展带来的影响时，几乎都想到了积极影响和消极影响，但个别孩子在整理信息方面存在不够准确的情况，说明有些孩子还是需要教师个别辅导的。

　　（2）教师课余时间个别辅导学生。

　　教师把完成的每份任务单仔细阅读，找出不能做到具体、全面的任务单，仔细分析，原因可能有：学习态度不认真，没有用心去完成作业；因

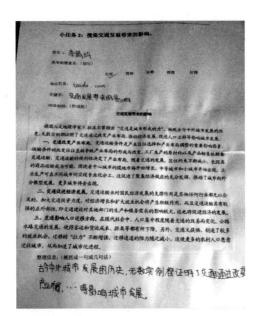

为种种原因，作业完成有一定困难；依旧不会找关键词等等。真正关注到学生的个性差异和不同情况，才能解决存在的问题，让课题研究顺利开展，保证每个参与的孩子真正受益。

多数学生是比较适合接受全体辅导的，但有个别学生无法真正解决自己的困难。所以，教师除了邀请优秀同学给全班同学分享学习方法之外，还要关注到每个孩子的实际情况，给予针对性的帮助。于是，教师课下找了几个仍有困难的同学，结合每个孩子情况分析他们无法高质量完成的原因，并帮助解决：对孩子家长出差，暂住没有电脑的爷爷奶奶家的孩子，教师用自己的电脑协助孩子完成任务单；有的孩子还是不知道关键词怎么选，教师举了几个例子，帮助学生理解选取的方法；有的孩子面对大段的信息，有些茫然，不知道应该整理哪些，教师耐心指导……总之，教师想尽一切办法帮忙解决学生的困难，鼓励他们下次完成更好，继续给予他们信心。

第三个任务单"搜集反映北京气候特点的谚语"是为执教《京城四季歌》一课服务的，学生带着自己的任务单课上交流讨论。我们欣喜地发现很多学生课前利用新媒介做了相关准备工作，而且尽量从春夏秋冬四个季节中选取有代表性的谚语，做到了全面。网上气候谚语很多，可能会让学生眼花缭乱，但学生们提取信息的能力在不断加强，也能准确说出谚语含义，非常棒。

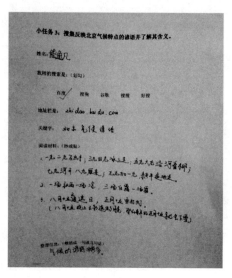

我们认真倾听学生的汇报，突然听到一个学生提到"初一……初二……"很明显，虽然是谚语，但反映的内容不是北京气候特点，说明这个孩子在选取信息方面出现了小问题。所以，教师还会课下找到该名学生，引导他发现关键词有哪些，帮助他下次查找信息更准确。从学生不断上交任务单的完成效果上也能看出，学生的困难一个个得到克服，他们表现出来的学习的积极性和搜集整理信息的准确性也越来越高了。我们不放弃一个学生，还会不断发现需要帮助的孩子。相信这种查找信息的能力不仅有利于品德与社会课的学习，而且对于其他学科也是大有裨益的。

不断关注任务单的过程就是在发现学生需求的过程，教师要根据学生实际需要不断调整自己的教学。

应该说，孩子们通过课前用新媒介查找资料，学习了一种有效的学习方法。未来的文盲不再是目不识丁的人，而是不会学习的人。现在是信息时代，知识更新很快，知识总量迅速增加，任何一个人不可能从学校里获得所有知识作为一生工作和生活的需要，学习者后续发展能力的提高就变得尤其重要了，学生通过自主学习促进自学能力的发展，这种方法的学习往往比知识学习更重要。

五、研究总结

"一头绵羊带领一群狮子，敌不过一头狮子带领的一群绵羊。"美国领导力专家约翰·马克斯韦尔（John C. Maxwell）认为：领导力即影响力。美国学者 Chapman 和 O'Neil 认为，所谓领导力就是一个人影响别人的能力，尤其是要激励别人实现那些极具挑战性的目标。

教师的领导力即为影响学生、同事、朋友等的能力，尤其是激励学生实现学习目标甚至人生理想的能力。教师领导力不仅体现在课堂上与学生的交流中，也体现在课堂外与朋友、同事、学校领导、家长的交流中。

在本次研究中，教师之间相互合作、互相影响，同时也对参与访谈的家长、参与调查研究的学生进行着潜移默化的影响，这种领导力同时促进着教师自身的成长。笔者利用波普尔循环促使研究不断深入开展，同时本研究也助力提升教师领导力的不断提高。

教师有了如下一些重要收获。

（一）学生课前使用新媒介学习，课型发生了显著变化

传统课型	使用新媒介课型
教师主体	学生主体
教师讲解为主	学生参与互动为主
课上浅层互动	课下和课上深层互动
发言者为思维活跃的优等生	人人参与学习、交流
课上单纯的知识传授	关注学生终身学习、自主学习

传统的课型主要是学生课上知识学习、课下通过练习和复习进行知识内化。使用新媒介的课型，学生在了解学习任务的前提下，课前通过新媒介自主完成学习任务，教师在了解大致自学情况后组织学生课堂上交流讨论、答疑解惑、应用拓展，课堂上完全呈现出师生互动、生生互动的场面，学生参与度更高。学生带着收获和问题来到课堂，学习时间和空间大大增加，与传统课型相比更加提升了学习的深度。

（二）学生课前使用新媒介学习，教学设计发生了变化

以往的教学设计，教师更多地考虑如何为学生讲述明白，解决教学难点。现在的教学设计，教师更多地不是考虑自己怎么做，而是从学生出发，设计适合他们的活动，比如课前利用新媒介查阅相关资料、参加一些活动体验、提前进行调查访问等等。学生亲身参与内容往往比单纯的听讲更让他们喜欢，同时记忆深刻，取得的学习效果也更好。

（三）学生课前使用新媒介学习，课堂效果发生了变化

师生能够明显感觉到：由于教师课前下发了任务单，学生在家中利用新媒介有意识地查找相关资料，最后呈现出一个积极互动的课堂，因为有所准备、有些思考，学生的课堂学习更加积极热情，课堂气氛活跃了很多。每个有准备有感悟的孩子都跃跃欲试，想把自己搜集到的故事与大家分享。

现实生活中，每个学生身心发展速度不同，认知能力也各有差异，有的反应快，有的反应慢，学生在家中自学，就可以根据自己的情况安排进度。家中的学习环境更放松、没有压力，学生完全可以根据自己的节奏，在时间充裕的前提下，慢慢理解和消化，掌握学习的控制权、完全自主安排学习。有了自己的初步感悟或者问题时，学生回到课堂与老师和同学交流，就很容易与大家积极互动，这样不光知识方面有所提高，在情感态度价值观方面也是有积极影响的，更加促进学生的全面发展。

根据皮亚杰的建构主义学习理论，学生在家学习就是主动参与和建构自己认知结构和知识体系的过程。回到课堂，教师就可以从一个拥有知识权威的灌输者、教给者，转变为一个引导者、指导者和帮助者，认真听取学生的想法和疑惑，肯定和鼓励学生之间积极参与、相互学习，帮助学生更好建构起知识体系和情感内化。学生在家中通过新媒介自学，就是主动参与和建构自己认知的过程，最终呈现出生机勃勃、充满活力的课堂，课堂学习效果发生了显著变化。

（四）学生课前使用新媒介学习，学习能力在不断提高

三次利用新媒介和任务单学习，教师访谈了学生的感受，主要问了三个问题："是否喜欢用任务单和新媒介学习""是否需要家长帮忙""是否自己独立整理信息"。这些问题侧重点不同，一个考察学生对待新媒介用于学习的态度，一个判断学生的独立自主学习的能力是否提高。

统计结果如下。

1. 学生独立学习、收集整理信息的能力在逐步提高

全班40人，学生由完全自己独立完成的20人到23人到最后的30人，人数在不断增加。个别同学说如果不需要家长帮忙打印，所有事情自己独立完成没有问题。欣赏孩子们的自信，正是因为他们搜集信息能力、整理筛选信息能力、动手制作能力等在不断加强，他们的综合能力水平也在悄悄提升，比如快速阅读能力、观察比较能力、言语表达能力等等。孩子们完成任务单的时间也在逐渐缩短，从最初的半个多小时到最后的十多分钟，真的是个飞跃。很多孩子表示自己现在即使没有任务单，也能根据一个问题知道先找关键词进行信息检索寻找答案了，说明他们在不断掌握这种方法。个别孩子甚至在这方面成功地帮助了大人，述说这段经历时，他们非常自豪。

2. 学生的学习态度非常积极

访谈发现，比起传统的课堂讲授式学习，多数孩子更喜欢用新媒介查找资料的自主学习方式，原因多样，如：更加迅速快捷、好理解、能增长知识技能、好玩不枯燥、多学科促进、不用写很多字、小孩子掌握现代新媒介很自豪等等。

当然，也有极少的孩子反映自己不喜欢，原因如下：由于请家长帮忙，家长埋怨、自己不喜欢这种靠自己能力完不成的任务。为此，教师了解到仍然存在个别需要帮助的学生，专门课下进行了一对一辅导，并且通过电话沟通，与该名家长了解情况，希望得到家长支持、鼓励，支持孩子独立完成任务的愿望，家长也表态逐步放手，以后少帮忙，更多独立完成。

考虑到个别孩子不好意思当着全班说出自己的看法，课下教师还邀请几位同学到办公室反馈。学生反映：要完成搜集资料的任务，往往需要阅读很多篇相关文章，从中选出自己认为最好的，这样开阔视野、感受深刻；老师传授的搜索方法多种多样，利用关键词检索信息，有时候还帮助家长寻找他们工作生活中需要的资料，特别有成就感；个别孩子在如何提取信息方面还有困难，教师也进行了个别化的指导。

孩子们经历了一次次这样的尝试，他们搜集信息的范围更加广泛，整理信息的能力也更加准确，获得的感悟更加深刻。因为他们的能力在不断提高、速度在不断加快，涉猎的内容也更加开放，很多发言都表现出学生的心灵感悟也在不断提升。

总之，学生喜欢这样的学习，基本能做到查找信息准确、内容相关，多数独立完成，课上呈现的表达状态也是积极踊跃、契合点比较高。这些都说明：学生课前使用新媒介学习，学习能力在不断提高。

以上内容不难看出：小学生课余时间利用新媒介是能够促进学习的。一次次利用任务单和新媒介，小学生在收集信息能力、整理筛选信息能力、表达能力、感悟能力等多方面均有明显提升。从课堂互动状态来看，也很容易看到孩子们的不断进步！

当然，此项研究还存在一些问题，比如：教师要面对班中 40 名学生，不能做到完全个性化的辅导，如果覆盖面更小一些，关注学生数量更少一些，可能更好开展个性化辅导，促进学生学习进步的空间更大；教师主要关注了学生整理信息、表达能力等方面的提高，其实促进学生学习进步方面还有很多，比如最后学生展示的方式除了语言表达，也可以是小报形式、演示文稿展示等，这样的能力促进就更加全面，当然这也由四年级学生的实际水平决定。

笔者清醒地认识到：任何一项研究没有最终的结束，一定要吸取经验、克服不足，沿着教科研之路继续努力前行！

六、课例：《灾难后的思考》

——基于波普尔循环的研究课教学设计

（一）指导思想与理论依据

《品德与社会课程标准》中指出，本课程是在小学中高年级开设的一门以学生生活为基础、以学生良好品德形成为核心、促进学生社会性发展的综合课程。本节课针对品社课程综合性、实践性、开放性的特点，通过精心设计的教学活动，实现学生生活经验和知识学习的相互融合、渗透。

建构主义教学理论认为，学习意义的获得，是每个学习者以自己原有的知识经验为基础，对新信息重新认识和编码，建构自己的理解。教学活动应充分考察学生已有生活经验及相关知识的掌握情况。

基于以上指导思想和理论依据，本课从学生原有生活经验出发，以原有知识结构为基础，通过为学生提供视频、图片、数据等教学资源，引导学生对原有知识经验的重组和更新，主动地建构新知识，获得新的成长和进步。

（二）教学背景分析

1. 学习内容分析

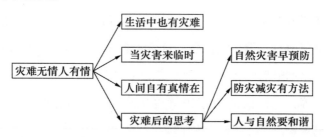

《灾难后的思考》是首师大版《品德与社会》四年级上册第三单元"灾难无情人有情"中的第四个主题。本单元引导学生了解经常发生在我国的重大自然灾害，体会人类活动与自然灾害之间的关系等内容，学习在自然灾害中的自救互救方法，从而让学生初步理解人与自然、环境的相互依存关系和人与自然和谐相处的重要意义。

本课目的是引导学生利用新媒体——计算机网络搜索功能进一步学习生活中的灾害自救常识，了解和思考人与自然灾害的关系，初步知道人类的一些活动加剧了自然灾害的发生，初步理解人与自然和谐相处的重要意义。同时，了解人类为减轻自然灾害的威胁进行的科学探索以及取得的成果。本教学设计是本课的第一课时，通过分析思考具体的自然灾害事例，体会防灾减灾的重要性，提高学生防灾减灾的意识，并能将防灾减灾落实到日常生活中。

2. 学生情况分析

通过课前和学生的交流发现，四年级学生已具备一定的自然灾害常识，但对于日常生活中常见的自然灾害认识不足。此外，由于学生生活经验有限，对于防灾减灾的重要性缺乏足够的认识和方法上的指导。

3. 教学方式

体验式教学。

4. 教学手段

多媒体演示、活动体验、分享交流。

5. 技术准备

教师搜集相关素材（自然灾害视频、照片、资料等）制作教学课件；准备电脑、教具等。

（三）教学目标

情感、态度价值观目标：初步感受自然灾害给人们带来的危害，提高日常生活中的防灾减灾意识。

知识目标：知道生活中有各种自然灾害，掌握一定的防灾减灾知识和自救方法。

能力目标：通过具体事件、事例的分析提高学生的分析能力，通过自我检测提高学生的自我反思能力和利用计算机搜集信息的能力。

教学重点：引导学生从意识、知识、行动三个方面进行思考，提高防灾减灾的能力。

教学难点：提高日常生活中的防灾减灾意识，并能落实到行动中。

（四）教学过程

导入：自然灾害常发生

（播放视频：各种自然灾害）

提问：从这段视频中你看到了什么？各种自然灾害，种类非常多。

追问：你是否经历过自然灾害？给大家讲讲。

谈话：自然灾害就在我们身边，我国是世界上受自然灾害影响最为严重的国家之一，各类自然灾害在我国均有分布。2008 年 5 月 12 日我国遭遇了举世震动的汶川大地震。2009 年我国把每年 5 月 12 日定为全国防灾减灾日。

【设计意图】知道自然灾害时常发生，离我们的生活并不遥远。

新授：灾难后的思考

1. 议一议，意识上的准备

谈话："5·12"汶川地震 8.0 级，地震波及大半个中国及亚洲多个国家和地区，是我国自 1949 年以来破坏性最强、波及范围最大的一次地震，共造成死亡和失踪 87150 人，受伤 374643 人，桑枣中学所在的安县就是极重灾区之一。那桑枣中学是如何创造了生命的奇迹的呢？请你带着问题，仔细观看下面这段视频。

（播放视频：桑枣中学）

提问：是什么创造了这样的奇迹？

小结：防灾减灾的意识，正是基于这种居安思危的意识，桑枣中学坚持进行紧急疏散演习，才能让他们在地震来临时，在 1 分 36 秒的时间里，全部安全转移到操场，创造了生命的奇迹。

过渡：那在这奇迹的背后，除了防患意识之外，还有什么呢？在撤离之前他们做了什么？

他们先是躲到了桌子底下，等地震和地震波过去之后再安全撤离。为什么这么做呢？在 2018 年 11 月 6 日发布的《小学生防灾减灾教育指南》中，给了我们答案："发生破坏性地震时，绝大多数建筑物不会倒。此时，坠落的建筑构件对人的威胁最大。因此，应先躲在庇护物下，这种庇护物一般以桌子底下为最佳。地震波过去之后，再迅速撤离。"

【设计意图】通过分析"桑枣中学"事例，感受树立防灾减灾意识的重要性。

2. 搜一搜，知识上的储备

提问：那同学们你们平时掌握了相关的预防自然灾害的知识了吗？咱们一起来搜一搜。

指导：老师指导学生运用计算机搜索灾害的自救方法。学生分为 6 组，分别搜集地震、沙尘暴、冰雹、台风、泥石流和洪水 6 大自然灾害的自救常识。

预设：学生分为 6 组分别就 6 种灾害的自救常识进行汇报，同时可以选择一种道具进行现场演示。（道具：救生圈、哨子、雨衣、盆、铲子、口罩）

谈话：下面我们来看看同学们对于防灾减灾知识的掌握情况。

预设 1：北京地区历史上有大地震。

北京位于地震带上，北京地区自古以来，就处在地震比较活跃的地带。据不完全统计，北京地区有史料记载的曾遭受 6 级以上破坏性大地震 6 次；5 级地震有 11 次。曾发生过和汶川地震强度几乎相同的大地震。

预设 2：应急避难场所。

打开书 66 页，看看应急避难场所的标志。应急避难场所是政府按照要求规划建立的，带有一定功能设施的场地。它具有应急避难指挥中心、供电系统、应急直升机停机坪、应急消防措施、应急避难疏散区、应急供水等 11 种应急避险功能。

【设计意图】通过小组合作探究，利用计算机在网络上搜索自然灾害自救知识，提高学生利用新媒体的能力。

3. 练一练，行为上的落实

过渡：那老师这里有一张咱们学校的平面图，你能找出我们班所在的位置，并用箭头标出紧急疏散路线么？

出示：学校紧急疏散路线图。

谈话：在人员较少的地方可以选择就近的安全通道撤离，但像学校这样人员密集的地方，要按照既定规划好的路线撤离，以保证所有的同学安全、有序、快速的撤离。

谈话：其实在游乐场、博物馆、宾馆、商场、电影院等公共场合都有紧急疏散路线图。每到一个环境中，都应该第一时间查看紧急疏散图，并真的去走一走，把防患意识落实在行动中，并形成习惯。

追问：那意识、方法和行动哪个更重要呢？

意识是前提，知识是基础，行动是关键。三者缺一不可！

总结：我们经历的灾难，不仅给我们带来了伤痛，同时也应该给我们带来深刻的思考，意识、知识、行动是我们应对自然灾害的法宝，常备不懈，警钟长鸣，防灾减灾我们能做的还有很多！

演练：今天我们就来模拟演练紧急疏散，请同学们安全有序撤离教室。

【设计意图】通过练一练紧急疏散等活动，将防灾意识落实到行动中，并养成习惯。

板书设计：

（五）学习效果评价设计

评价方式：以学生的自我评价和教师的即时评价为主。

学生"测一测"防灾减灾知识，画一画"紧急疏散路线"的过程，本身就是自我反思和自我评价的过程，通过结果的反馈，引发学生的思考，激发学生进一步积累相关知识，并落实在行动中。同时，在这个过程中，教师根据学生的思考进行即时的评价和反馈，把评价融入教学过程中。

（六）本教学设计与以往或其他教学设计相比的特点

1. 关注学生的实际获得，在实际发展水平上获得新的成长和进步

以学生现有的知识结构和生活经验为基础，通过为学生提供视频、图

片、数据等学习资源，引导学生通过想一想、议一议、搜一搜等方式，促使学生获得有关自然灾害的新知识，如"可以通过提前的预防准备有效降低自然灾害带来的损害"或引发新的思考"暴雨雷电天气里可以在汽车里躲避雷击吗？"等，以获得新的成长和进步。

2. 通过利用新媒介的信息搜索功能，将学生搜集和整理信息的过程带到课堂，提高教学时效性

教学中利用新媒介的搜索技术，让教师及时了解学生搜集和整理信息的过程和能力，并对学生的薄弱环节进行针对性的讲解；同时，将学生的搜索结果进行交流和汇报，让学生了解自己对于防灾减灾知识的掌握情况，激发学生进一步学习，积累相关知识。

3. 以课堂教学为指引，拓展学生学习的边界

要真正做到防灾减灾，需要不断提高防患意识、不断学习相关知识，并且持之以恒的落实到行动中。因此，本课特别注重从课堂到学生生活的延伸，例如：通过分析桑枣中学逃生事例，启发学生要警钟长鸣；通过防灾减灾知识大搜集，激发学生在生活中不断积累相关知识，并且引导学生将防灾减灾落实到行动中，在生活中处处细心观察、常备不懈！

参考文献

[1] Buckingham，D. Media Education-Literacy，Learning and Contemporary Culture. London，UK：Polity Press in Association with Blackwell Publishing Ltd，2003. 12

[2] 邓小平. 会见香港知名人士时的谈话（1986 年 4 月 19 日）. 人民日报，1986 － 04 － 20

[3] 曹洵. 西方新媒介素养教育：现状与趋势. 青年探索，2013（5）

[4] 赵纪娜. 小学生媒介接触状况调查分析. 青年记者，2008（19）

[5] 杨淑娟. 小学生媒介素养的现状调查与教育策略研究. 江西师范大学，2014

[6] 惠秋平，何安明. 手机媒体对中小学生社会化的影响及教育策略. 基础教育研究，2012（12）

[7] 李国敏. 中小学生"手机热"现象的道德审视. 教育科学研究，2009（4）

[8] 连宇. 论中小学生手机限制使用中电信商的社会责任. 教育科学论坛，2014（22）

[9] 刘磊. 中小学生普遍使用手机考验家校教育智慧——未成年人沉迷手机如何疏导. 中国教育报，2013 － 11 － 05

[10] 钱镇宇. 学生使用手机现象的省思. 青少年犯罪问，2006（6）

［11］杨赛．电子媒介对青少年学习与发展的影响．新闻世界，2013（11）

［12］蔡继乐．北京数字学校"放大"优质资源：电视能收看，手机可点播，名师"现场"教，学生随时学．中国教育报，2012－11－21

［13］张洁，况瑞娟，李篆．拥有≠会用：城市小学生媒介素养亟待提升——以北京市某所城区小学的全校调研为例．中小学管理，2012（9）

［14］鲍银霞．善用电子媒介、促进儿童学习．电脑与电信，2007（12）

［15］毛慧敏．电子媒介对儿童社会化的影响研究．郑州大学，2014

［16］蔡倩．谈信息技术与《品德与生活》学科整合的优势．学周刊，2013（10）

［17］罗旭敏．小学品德与生活（社会）课的教学策略．新课程（小学），2013（10）

［18］靖婷婷．基于情境创设的小学《品德与社会》课程信息化教学设计实践研究．山东师范大学，2013

［19］中华人民共和国教育部．义务教育品德与生活课程标准（2011年版）．北京：北京师范大学出版社，2012

波普尔循环音乐之旅①

——波普尔循环在小学音乐教学中的应用

一、引 言

2017 年 10 月有幸参与到史家教育集团与教育部普通高等学校人文社会科学重点研究基地北京师范大学教师教育研究中心联合进行的《基于教师领导力培育领袖教师的行动研究》。在第一次工作坊上，澳大利亚新南威尔士大学 Colin Evers 教授和北京师范大学的裴淼副教授为我们讲授了"波普尔循环方法"。在此之前我对于"波普尔循环方法"是完全陌生的，在教授讲解的时候也犹如听"天书"一般，但记住了"波普尔循环方法"第一个要素就是确定问题，于是我开始联系我的实际教学，在教学中寻找问题，在中外教授的帮助指导下，开始了我在音乐学科的"波普尔循环"之旅。

---

① 本专题全部由杨明撰写。

二、波普尔循环过程

（一）第一个循环

第一个问题（P1）：学生会用首调唱名法来进行一线谱的识读

（1）问题本质与核心概念：

问题本质：教会学生用首调唱名法来进行五线谱的识读。

核心概念："首调唱名法""识读五线谱"。

（2）我的理解：

《义务教育音乐课程标准（2011年版）》对识读乐谱做了详细的说明："乐谱是记载音乐的符号，是学习音乐的基本工具。要求学生具有一定的识谱能力。"由此可见，识谱教学是音乐教学中必须要进行的教学内容。

（3）提出问题缘由：

选择这个问题是，一方面是《义务教育音乐课程标准（2011年版）》对识读乐谱做了详细的说明和要求；另一方面，从一年级就提高对识谱教学的重视，为完善基础教育识谱教学理论体系的建设打好坚实的基础。

（4）对学生的意义：

帮助学生识谱能力的提升，在五线谱识读中树立自信，打好音乐基础，提升音乐修养。

（5）对教师教学的意义：

通过对目前出现的识谱方法进行整理汇总，并结合学生认知规律整理一套用首调唱名法识读五线谱系统的教案，将识谱教学系统化，因势利导地渗透到音乐学习中，提高教师的教学效率。对识谱教学方法进行补充的同时提高教师自身的能力。

第一个试验性理论（TT1）：通过游戏增加识谱教学的趣味化，增添学生学习兴趣

（1）为何选择此试验性理论？

选择这个试验性理论是基于低年级学生的年龄特点以及洛阳师范学院的研究者樊梦楠在他 2015 年教育硕士论文《论基础音乐教育中的识谱教学》中就识谱教学现状这一问题对 1000 名中小学学生进行了调查，其中有一个问题"你认为学习乐谱有趣吗？"99.5% 的学生都选择"无趣"。学生对枯燥的识谱完全没有兴趣这一研究现状，使我更加坚定了选择这个试验性理论。

（2）核心概念及理解：

核心概念是在识谱教学中"游戏""趣味化"。

"游戏"是发生在一定情境之中，外部有可观察的行为表现，内部有特定心理体验的儿童主动自愿、自主自由的活动。

"趣味化"是符合学生的年龄特点及心理接受，让学生有兴趣、感兴趣。

（3）为何这个试验性理论可以帮助解决所提出的问题？

针对樊梦楠提出的"你喜欢音乐吗？"和"你喜欢上音乐课吗？"两个问题时，90% 以上的学生选择了喜欢，说明音乐本身对于中小学生来说有很大的吸引力，他们喜欢音乐并且喜爱上音乐课。因此，我相信，用游戏的方式，将识谱趣味化，能够帮助学生用首调唱名法识读五线谱。

第一个消除性错误（EE1）：游戏的设置只考虑到激发学生兴趣，没有考虑与五线谱识读规律相结合

（1）取得的效果：

学生对学习识谱的兴趣有了明显的增加，不再有抵触的情绪。例如，在进行"一线谱"游戏时，学生的参与度从 50% 提升到了 90%；又例如，每节课得知要进行游戏环节时，学生会用欢呼、鼓掌表示对游戏环节的喜爱。

（2）最突出的困难与问题：

对于一年级的学生来说，以一个班为例，学生不识谱占整班的 2/3，很多学生连最基本的乐谱符号都不认识，更不要说对节拍、节奏、调式调性等乐谱知识有所了解或具有视唱、听音、记谱的能力了。在识谱知识基础为零的情况下，即便游戏的形式学生很喜欢，但对于识谱能力的提高还是没有帮助，达不到效果。

（3）如何克服这些困难？

制定游戏内容时与五线谱的识读规律结合在一起，遵循学生的认知规律，将五线谱理性的感知先转化成学生可接受的感性的感知，再回归到理性的识读过程。

（二）第二个循环

第二个问题（P2）：如何借助符合五线谱识读规律且学生有兴趣的游戏，帮助学生用首调唱名法识读五线谱

（1）问题本质与核心概念：

问题本质：通过设定符合五线谱识读规律的游戏，来帮助学生用首调唱名法识读五线谱。

核心概念："五线谱识读规律"。

（2）我的理解：

五线谱的识读问题归根到底是理清线间关系的问题，熟悉音阶上行、下行的顺序，理清线间关系，通过反复练习，就能够解决五线谱的识读。

（3）提出问题缘由：

选择这个问题原因依然是，一方面《义务教育音乐课程标准（2011 年版）》对识读乐谱做了详细的说明和要求，五线谱识读是学生学习音乐的基本工具，就像学习语文要先认识字一样。另一方面，从一年级就提高对识谱教学的重视，为完善基础教育识谱教学理论体系的建设打好坚实的基础。

第二个试验性理论（TT2）：结合学生年龄特点，与五线谱识读规律相结合，进行身体音阶的律动游戏

（1）为何选择此试验性理论？

根据对学生的了解，80%的学生是零基础，对音乐的任何知识都不了解，直接进行五线谱的识读比较困难。因此借助身体音阶的律动游戏，将音阶的顺序 d、r、m、f、s、l、t，与身体的脚、膝盖、大腿、腰、手、肩膀、头一一对应，既能帮助学生有兴趣地记忆音阶的顺序，又能让学生感性的理解音阶位置的走向，有位置感，为识读五线谱打好基础。

（2）核心概念及理解：

核心概念为"五线谱识读规律"和"身体律动"。

借助低年级学生最喜欢的律动方式，帮助学生快速、趣味性地记忆音阶的顺序，并且潜移默化地渗透各音的位置。

（3）为何这个试验性理论可以帮助解决所提出的问题？

本试验性理论的设计符合低年级学生的年龄特点和认知规律，通过实践也可以看出学生非常感兴趣，能很好地帮助学生记忆音阶的顺序和位置。

第二个消除性错误（EE2）：学生年龄小，做游戏时容易兴奋，导致课堂纪律出现问题

（1）取得的效果：

在本试验性理论过程中，学生知道音阶顺序的人数明显增加，最突出的是大多数学生还能快速、流利地说出音阶的位置，并能有兴趣、完整地完成身体音阶歌律动。

（2）最突出的困难与问题：

学生由于年龄小，在喜欢的环节时，容易控制不住情绪，造成课堂中纪律出现问题。

（3）如何克服这些困难？

通过反思，决定为游戏设立游戏规则，培养学生的规则意识，从而改善因游戏环节学生兴奋而导致的课堂纪律问题。

（三）第三个循环

第三个问题（P3）：如何解决学生因年龄小，做游戏时高举引起的兴奋，影响了课堂秩序

（1）问题本质与核心概念：

问题本质：课堂秩序不受环节的影响，整堂课中学生保持良好的课堂秩序，良好的课堂秩序是保障教学质量，解决教学重难点的先觉条件。

核心概念："课堂秩序""游戏"。

（2）我的理解：

良好的课堂秩序是保障一节高质量教学的前提。课堂秩序是指教师在授课过程中保持和维护课堂纪律，是提高教学质量的重要条件。

游戏是一种基于物质需求满足之上的，在一种特定时间、空间范围内遵循某种特定规则的，追求精神需求满足的社会行为方式。

（3）提出问题缘由：

一节课的好与坏不仅反映在教学质量上，也体现在课堂的管理上。课堂秩序直接影响教学质量，而我认为课堂秩序需要师生之间的配合，需要长时间的磨合而达成的默契。要想使孩子形成一个良好的习惯，除了言传身教，更重要的是要有一定的原则，要严格遵守原则和要求。

第三个试验性理论（TT3）：在游戏前向学生说明游戏规则，培养学生的规则意识

（1）为何选择此试验性理论？

学生的年龄段决定了对游戏的喜爱程度，因此选择用学生最喜爱的活动形式来提升课堂秩序。小学阶段不仅是人生学习文化知识的重要时期，也是培养学生行为习惯、提高学生规则意识的重要阶段。

（2）核心概念及理解：

本试验性理论的核心概念是"规则意识"。

规则意识，是指发自内心的、以规则为自己行动准绳的意识。比如说遵守校规、遵守法律、遵守社会公德、遵守游戏规则的意识。拿排队作个比方：排队的次序是法治，每个人都可以排队是民主，那么每个人都愿意排队就是规则意识。没有这个意识，民主和法治都是空的。而对于学生来说，遵守游戏的规则，就是在潜移默化地训练自己的规则意识。

（3）为何这个试验性理论可以帮助解决所提出的问题？

学生的年龄段决定了学生喜欢游戏这样的音乐活动，有热情、有期盼，因此通过加强游戏的规则，让学生印象深刻，会对课堂秩序有一定的帮助。

第三个消除性错误（EE3）：在游戏过程中，课堂的纪律有了一定改善，同时由于学生加强了规则意识，注意力的集中也有了提高，但需要教师反复提醒学生游戏规则

（1）取得的效果：

课堂纪律有了一定的改善，最突出的是，学生害怕违反游戏规则而淘汰，因此注意力的集中也加强了。

（2）最突出的困难与问题：

虽然课堂秩序有了一定的提高，但需要教师反复的提醒，这影响到教学的力度。

（3）如何克服这些困难？

思考新一轮的循环，解决需要教师反复提醒而耽误课堂教学进度的问题。

（四）第四个循环

第四个问题（P4）：如何让学生在一进行游戏时，就想起并自觉遵守游戏规则，而不需要教师在过程中反复提醒

（1）问题本质与核心概念：

问题本质：学生能自觉地遵守游戏规则，无须反复提醒，从小树立学生的规则意识。

核心概念："自觉遵守"。

（2）我的理解：

自觉：是指自己有所认识而主动去做，自己感觉到，自己有所察觉。

遵守：是指依照规定行为，不违背规则。

这个问题就是需要培养学生的规则意识，在游戏时能时刻记住游戏的规则，比如安静、不因兴奋而大喊大叫等。

（3）提出问题缘由：

规则意识，是指发自内心的、以规则为自己行动准绳的意识。比如说遵守校规、遵守法律、遵守社会公德、遵守游戏规则的意识。拿排队作个比方：排队的次序是法治，每个人都可以排队是民主，那么每个人都愿意排队就是规则意识。没有这个意识，民主和法治都是空的。这个最基本的意识和人性与良心有关，和道德与信仰有关。因此从小培养学生的规则意识对于孩子的成长尤为重要。

第四个试验理论（TT4）：通过奖励机制在教师不提醒游戏规则就能遵守游戏规则的学生，来引导学生自觉遵守游戏规则

（1）为何选择此试验性理论？

选择这个试验性理论的原因是，基于学生的年龄特点，奖励在小学生教育过程中具有必要性，科学的奖励可以强化低年级学生良好的行为习惯，同时也可以使学生获得自信和愉悦感，从而达到不用奖励就可以保持和继续好的行为。

（2）核心概念及理解：

本实验性理论的核心概念为"奖励机制"。

奖励机制是以激发学生内在的动机为最终目的，就本试验性理论来说，是通过奖励机制引导学生自觉遵守游戏规则。

（3）为何这个试验性理论可以帮助解决所提出的问题？

通过文献搜索可以发现，很多研究者对这一问题都有过深入的研究，研究者都认为奖励在小学生教育过程中具有必要性，科学的奖励可以强化低年级学生的良好的行为习惯，同时也可以使学生获得自信和愉悦感，从而达到不用奖励就可以保持和继续好的行为。因此，我认为本实验性理论可以帮助我解决我所提出的问题。

第四个消除性错误（EE4）：通过奖励机制，学生的规则意识通过模仿变得很强。但在需要演唱的游戏中，学生会忽视歌唱状态，出现喊唱的现象

（1）取得的效果：

此实验性理论使游戏过程中的纪律有了明显的改善，例如，游戏的轮次因学生遵守游戏规则而增多，参加学生的次数增多，更多的学生能够参与到游戏中，增添了学习的兴趣和自己的自信心。

（2）最突出的困难与问题：

通过奖励机制，学生自觉遵守游戏规则的能力提高，但出现了学生在演唱的游戏中忽视歌唱状态而喊唱的现象。

（3）如何克服这些困难？

将在下一个循环中侧重歌唱状态方面。

（五）第五个循环

第五个问题（P5）：如何解决学生在教学活动中因兴奋等原因，而忽视了歌唱时候歌唱状态和声音喊唱的问题

（1）问题本质与核心概念：

问题本质：在音乐课中，学生如何保持好歌唱状态，不因任何音乐活动等因素而受干扰。

核心概念："保持歌唱状态"。

（2）我的理解：

歌唱状态在学习音乐课中，尤其是唱歌课中占有重要的位置，稳定的歌唱状态是发出好听声音的基础。

歌唱状态在学习声乐的过程中占据着重要的位置。在学习声乐的时候，找到正确的歌唱状态，是获得正确音色的来源。学会如何保持稳定的歌唱状态是发出富有感染力声音的基础。当我们学会了如何保持稳定的歌唱状态，不仅会提高歌唱技巧，使演唱者完美地表达出这首歌曲，还会使观众陶醉其中。

（3）提出问题缘由：

音乐课程标准中指出，学生要乐于参与各种演出活动，并能在歌唱实践中学会用自然的声音、准确的节奏和音调有表情地、自信地歌唱。因此，具有良好的歌唱状态对于学生学习音乐来说至关重要。

第五个试验性理论（TT5）：在歌唱过程中教师反复强调歌唱的状态

（1）为何选择此试验性理论？

选择这一试验性理论的原因是，反复强调等同于重复，人的记忆一般有三种方式，一是理解记忆，二是机械记忆，三是重复记忆。其中在学校学习阶段重复记忆起到很大作用，有时还会收到温故而知新的效果。如仅有前两种记忆，最起码学习上的记忆方法是短腿缺项的。低年级学生年龄小，对很多实物概念不清，只有通过教师的反复强调使其加深印象，从而成为一种良好的习惯。

（2）核心概念及理解：

核心概念是"反复强调"。

这一概念与熟能生巧相似，通过教师反复强调歌唱状态，唤起学生对歌唱状态的重视，并形成潜意识的东西。

（3）为何这个试验性理论可以帮助解决所提出的问题？

英语有句谚语"Repetition is the mother of skills（重复是技能之母）"。许多研究都证实了学习中重复的重要性，重复是人记忆的最重要途径，重复使人准确、深刻理解事物本质、内在规律。因此我认为这个试验性理论可以帮助我解决我提出的问题。

第五个消除性错误（EE5）：长期反复强调歌唱状态，能够在一定程序上改变现象，但会让学生思想上出现麻痹现象

（1）取得的效果：

通过一段时间的教师反复强调歌唱状态，大部分学生能够对歌唱状态引起重视，并在一节课中的演唱环节保持好的歌唱状态。例如，老师一说我们要准备演唱歌曲的时候，有一部分同学就会主动坐直、面带微笑，按照脚、腿、手、腰、嘴、眼这几点检查自己的歌唱状态。

（2）最突出的困难与问题：

一直注重学生"唱""识"能力的培养，对学生"听"的训练比较少。

（3）如何克服这些困难？

下一个循环中加强对欣赏课教学的研究，加强对学生"听"能力的培养。

（六）第六个循环

第六个问题（P6）：加强对学生"听觉"习惯和能力的培养

（1）问题本质与核心概念：

问题本质：加强欣赏课的教学，加强培养学生听赏能力及听赏习惯的训练。

概念概念："听觉能力""听赏习惯"。

（2）我的理解：

音乐课程标准中指出欣赏教学中应激发学生听赏音乐的兴趣，养成聆听音乐的良好习惯，逐步积累鉴赏音乐的经验。

（3）提出问题缘由：

音乐课程标准中对于欣赏课的重要性和意义是这样讲述的：感受与鉴赏是重要的音乐学习领域，是整个音乐学习活动的基础，是培养学生音乐审美能力的有效途径。良好的音乐感受能力与鉴赏能力的形成，对于丰富情感，提高文化素养，增进身心健康具有重要意义。

第六个试验性理论（TT6）：教师加强欣赏教学，培养学生听赏的习惯和意识

（1）为何选择此试验性理论？

通过文献查找发现，嘉兴学院副教授刘建东在他的《论音响感知在音乐欣赏教学中的重要性》一文中写道："音乐是音响的艺术，音乐的表现力首先来自于悦耳动听的音响和精致巧妙的音乐形式。音乐欣赏作为普通学校音乐教育的重要内容之一，它的教学基础在于重视对音乐音响的听觉感受体验，也就是对组成音乐的旋律、节奏、节拍、和声、音色、力度、速度等各种基本要素及乐曲整体音响的良好的听觉感知。与音乐教育的终极目标——音乐审美相比，积极而良好的听觉感性体验式成功地实施音乐欣赏教学的首要环节。"这也让我想到在本循环中运用此试验理论。

（2）核心概念及理解：

核心概念为"听赏习惯"。

小学音乐课程标准中明确指出要培养学生爱好音乐的情趣，发展音乐感受和鉴赏的能力；要使学生在音乐审美过程中获得愉悦的感受和体验。听赏是小学音乐课重要的教学任务之一，是达成以上目标的有力保证。

（3）为何这个试验性理论可以帮助解决所提出的问题？

在日常的音乐教学中，由于时间的关系，大多数时间我们都会偏重唱歌课，而忽视了学生的聆听。虽说人类的听觉能力是与生俱来的，但有了听觉能力并不能自然具备对音乐音响的良好感知力。对音乐整体音响中的各种要素的感知力，是在音乐的实践和学习中不断习得和提高的，尤其是通过音乐教育培养和发展而得来的。从教育的角度看，就是要培养学生具备"音乐的耳朵"。

第六个消除性错误（EE6）：学生刚开始会根据老师的要求做，但时间长了会出现走神，精力不集中等现象

（1）取得的效果：

经过一个阶段的训练，学生已经具备了一定的听赏习惯，例如在欣赏《狮王进行曲》时，音乐中有模仿狮子的吼叫声，对于一年级的学生来说，在音乐播放过程中一定会出现笑声或者叫声，但经过一段时间的训练，学生听到音乐中狮子吼叫声时并没有出现喊叫和笑声，只是在眼神中透出了好奇与兴奋。

（2）最突出的困难与问题：

由于低年级学生的年龄特点，只能短时间内注意力集中，长时间的注意力集中还是比较困难。

（3）如何克服这些困难？

在下一个循环中，欣赏教学中将问题与活动相结合，调动学生积极性的同时，提升学生的注意力。

（七）第七个循环

第七个问题（P7）：如何解决学生在欣赏课中走神和精力不集中等现象

（1）问题本质与核心概念：

问题本质：如何让学生在欣赏课中始终全神贯注，注意力集中。

核心概念："注意力集中"。

（2）我的理解：

注意力是学生基本的学习能力，很大程度上影响学生上课吸收知识的情况，是思维和记忆的基础。

（3）提出问题缘由：

"注意"是心理活动对一定事物的指向和集中。教师要提高教学质量，不仅是研究教师如何教的问题，还必须研究小学生的注意力问题。实践证明，学生听讲，注意力集中，教学可取得事半功倍的效果。因此从小学起就应该重视培养学生注意力集中的习惯。

第七个试验性理论（TT7）：教师在欣赏课教学设计中将问题与活动相结合，多增加活动内容，时刻调动学生的注意力

（1）为何选择此试验性理论？

将活动与问题相结合，增添学生的学习兴趣，从而提升学生的注意力。

（2）核心概念及理解：

核心概念为"活动与问题相结合"。

一年级学生的年龄特点决定了学生对活动的兴趣极大，因此借助学生对活动的兴趣，将问题和活动相结合，从而提升学生课堂中的注意力集中。

（3）为何这个试验性理论可以帮助解决所提出的问题？

本试验性理论可以充分调动学生的积极性，使学生的思维不停滞。

第七个消除性错误（EE7）：在教师的引导下学生在问题和活动的牵引下能够做到在欣赏课中认真听音乐，注意力集中

（1）取得的效果：

学生的兴趣能被充分调动，例如在欣赏课《我是人民小骑兵》中，设计了不同的环节，有的需要学生安静聆听思考，有的需要学生用律动配合欣赏音乐，有的需要学生演唱主题，通过一系列的活动，运用律动、演唱等多种形式进行欣赏教学，学生在整堂课中能够保持注意力的高度集中。

（2）最突出的困难与问题：

研究的时间比较短，还可以继续进行调整。

（3）如何克服这些困难？

在日后的教学中，继续波普尔循环方法。

三、收　获

经历了一年的波普尔循环方法，我深深体会到了音乐这门学科的全面性，也深深体会到了"音乐教育是实施美育教育的重要途径"这句话的真正含义，也验证了音乐课堂教学是美育的重要组成部分。从我的循环教学中也可以看出，第一个循环，我关注的是学生的音乐能力——识读五线谱，但随着实践，我发现在音乐课中要想学生具备一定的音乐能力，还需要良好的行为习惯作为基石。而在培养学生良好的行为习惯的同时，作为音乐教师的我们，还能培养学生的规则意识，这些是我之前没有意识到的。随着循环的继续，我发现在音乐课中，不仅要培养学生唱的能力，还需要培养学生听的能力，马克思说过："没有音乐的耳朵是不能享受音乐美的。"通过七个循环，我深深感受到音乐教学需要全方位的思考，各个方面都要考虑周全，培养学生全方面的能力。

下面主要就我的第一个循环——以《借助少线谱的教学方法教会学生用首调唱名法识读五线谱初探》为题重点来谈谈。

在开展波普尔循环的中期，我的课题《借助少线谱的教学方法教会一年级学生学会用首调唱名法识读五线谱的研究》在东城区"十三五"教育科学规划课题中立项成功，而波普尔循环的第一个问题就来源于我的研究内容——如何用少线谱方法的过程研究。

对儿童来说，五线谱比简谱更直观形象，从线与间的位置可直接标示音的高低，从横向线条可直接观察到旋律的进行方向，从纵的方向可直观地看出和弦是密集还是开放排列，也可看出和弦间的音程关系及协和程度。在和声记谱方面，五线谱比简谱准确，不会像简谱一样产生视觉错误。在多声部、音域较宽或转调频繁时，五线谱相对于简谱有着无法比拟的优势。

但在近三年的一年级教学实践中发现，学生不识谱占整班的2/3，很多学生连最基本的乐谱符号都不认识，更别说学生对节拍、节奏、调式调性等乐谱知识有所了解或具有视唱、听音、记谱的能力了。如果学生不识谱，则给教师带来很大的教学困难。比如在欣赏课中视唱主题音乐，或在歌唱课中根据乐谱学唱，或在创作课中创作旋律的情境中，教师在照顾学生们的接受能力，则不能体现课程标准要求，或是教师体现了教学目标，学生则如同看"天书"。这样的课堂矛盾是很多一线音乐老师的困惑。

而另外1/3认识五线谱的学生，是通过入学前学习乐器，用固定唱名法来识读五线谱，对于用首调唱名法识谱完全不了解的同时，还会在学习首调唱名法识谱时与固定调唱名法识谱产生混淆。

同时，绝大部分学生的音准都存在严重的问题。

通过访谈调查得知，学生对五线谱识读心理上具有抵触情绪，用学生的话来说就是密密麻麻，看不明白，觉得自己学不会。这使我想到如果化繁为简，同时解决学生心里的顾虑，是不是对于识谱教学有所提高？因此，我选用少线谱的教学方法来帮助学生如何用首调唱名法识读五线谱。

选择少线谱的教学方法是根据学生的情况、认知规律，与少线谱是根据五线谱的演变相结合，从1条线到2条线再到3条线。下面来分享我是如何做的。

（一）借助身体律动，熟悉音阶顺序

学生学习识读五线谱的前提是熟悉音阶的顺序，就像我们学习英语要先认识 26 个英文字母一样。单纯的背记不但枯燥，而且也不能让学生感受音阶的走向，因此我借助《音体音阶歌》，加入律动，不仅增添了学生的学习兴趣，同时学生能在短时间内记忆音阶的顺序并能掌握音阶的上行、下行走向。

身体音阶歌歌词与相对应动作如下。

摸摸你的小脚，d d d d

摸摸你的膝盖，r r r r

拍拍你的双腿，m m m m

叉叉你的小腰，f f f f

拍拍你的小手，s s s s

拍拍你的肩膀，l l l l

摸摸你的脑袋，t t t t

高举你的双手，d d d d

（二）借助少线谱方法，学习用首调唱名法识读五线谱

在熟悉了音阶顺序后，开始进入线间的学习。

1. 一条线

在一条线中，帮助学生理清线间的关系。建立流动"d"的概念，减轻学生的视觉负担。

做法：

（1）讲解一线与两间的位置关系：线 $\dfrac{间2}{间1}$

（2）讲解音阶中音的顺序：d r m f s l t d'

（3）教师给出线上音的字母谱，学生填写上一间和下一间音的字母谱。

2. 两条线

在两条线中，帮助学生认知，熟悉掌握五度音阶的位置，继续巩固学生流动"d"的概念。

做法：

（1）讲解两线与三间的位置关系：$\begin{matrix}\text{线2}\\\text{线1}\end{matrix}\ \begin{matrix}间3\\间2\\间1\end{matrix}$

（2）教师给出两线与三间上任意音的字母谱，学生填写其他四个字母谱。

（三）从少线谱迁移到五线谱，从感性到理性的过渡

在学习少线谱后，让学生在五线谱中进行理性的实践，分享教学案例《新年好》，用首调唱名法识读五线谱环节。

（1）在二线谱中，给出深色磁力扣的音 d，学生找出浅色磁力扣位置是什么音，并唱一唱。

（2）教师加入节奏，学生演唱旋律。

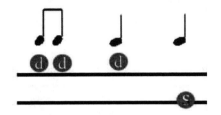

（3）在三线谱中，给出深色磁力扣的音 d，学生找出浅色磁力扣位置是什么音，并唱一唱。

（4）教师加入节奏，学生演唱音旋律。

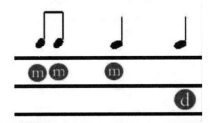

（5）在四线谱中，给出深色磁力扣的音 d，学生找出 2 个浅色磁力扣位置上是什么音，并唱一唱。

（6）教师加入节奏，学生演唱旋律。

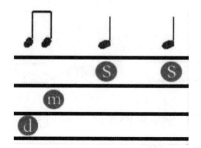

（7）在四线谱中，给出深色磁力扣的音 d，学生找出 2 个浅色磁力扣位置上是什么音，并唱一唱。

（8）教师加入变化后的节奏，学生演唱旋律。

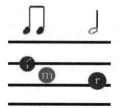

（9）四段旋律连续演唱。

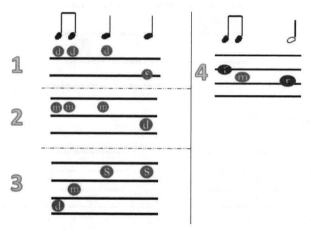

（10）看五线谱完整演唱乐曲第一乐句。

经过这样一轮的学习，从学生的心理方面来看：学生对五线谱识读心理上具有抵触情绪，用学生的话来说就是密密麻麻，看不明白，觉得自己学不会这种心理得到了缓解。

从学生的能力方面来看：学生已经具备了一定的用首调唱名法识读五线谱"识"的能力，但"读"，也就是唱准的能力还有待提高。

从教师方面看：以少线谱这一方法用首调唱名识读五线谱系，将识谱教学系统化，因势利导地渗透到音乐学习中，提高教师的教学效率。对识谱教学方法进行补充的同时提高教师自身的能力。

从方法系统性来看：教师研发了磁力扣学五线谱的教具，抛色子深受学生喜爱。

综上所述，借助少线谱的教学方法教会学生用首调唱名法，实施性比较强，可以帮助学生识读五线谱，但在实践上还需要时间和更加系统化。

四、总　结

教师领导力是教师专业发展的必然要求，也是近些年来学校改革中的重要议题。我国对教师领导力的研究处在起步阶段，史家小学再一次充当了全国教育领跑者的角色。

对于教师领导力概念的界定很多，而我在这个过程当中更加符合研究者 silva, DY., Gimbert, B. &Nolan, J（2000）所说："在教师专业化发展不断深化的背景下，赋权给教师可以增进教师自我发展的动力，教师领导力就是通过任命教师担任教学领导者、课程领导者等角色，提高教师的专业化水平。"

教师领导力是培养教师的一种能力，就像教育学家富兰（Fullan）所说，"教师领导力是教师超越教室之外所发挥的能力和承诺"。

在"波普尔循环"的助力下，我跳出了教室的边界，站在教师的角色外审视自己的课堂教学，完善自己的专业化水平。

在此次教师领导力培训项目中，我的教育领导力得到了发展，在整个过程中协同校领导、中外专家等进行教育问题的诊断、教育经验的交流、教育思想的提升，感谢大家对我教育事业上给予的意见及帮助我能力的提升。

新课程改革后，教师的使命已不仅仅是教书育人，教师要成为学校团队中的成员，致力于学校持续改革发展的共同愿景；教师领导者要改善课程和教学；为学生制定准确的学科能力标准，并促进他们达成目标；促进家校协同。我们在教师领导力的大路上继续努力前行。

五、课例：《小毛驴》
——基于波普尔循环的研究课教学设计

（一）指导思想与理论依据

1. 指导思想

从歌曲音乐形象入手，通过听辨、模仿、想象等方式熟悉音乐形象，感受歌曲的童趣，结合歌曲的北京儿歌特点，进行本课的教学设计。

2. 理论依据

以北京市唱歌教学内容设计的思路为理论依据。

（二）教学背景

1. 学习内容分析

（1）节奏——平稳中不失推动性、活泼性。

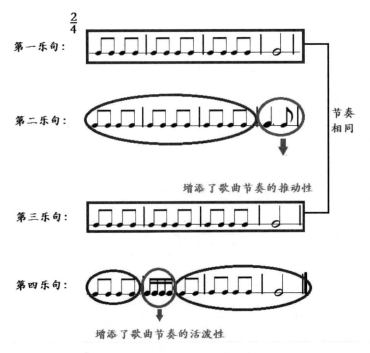

歌曲《小毛驴》节奏平稳，基本节奏型是：

塑造了小毛驴在走路的音乐形象，充满律动性。

其中，第一、三乐句的节奏完全相同。第二乐句在基本节奏型的基础上，第四小节中"♩ ♪"的运用，使歌曲节奏在平稳中增添了推动性。第四乐句在基本节奏型的基础上，第二小节中"♫♫"的运用，使歌曲节奏在平稳中增添了活泼性。

根据歌曲节奏特点，教师为歌曲编配律动如下：

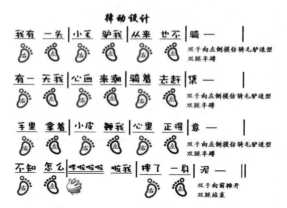

（2）旋律——平稳、起伏中带有跳跃性。

歌曲 C 调，音域为：

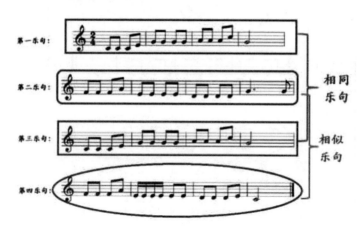

全曲共四个乐句，一、三乐句是完全相同乐句，二、四乐句是相似乐句。

歌曲旋律以主和弦 d、m、s 为主，同度音程反复出现，使得整首歌曲的旋律平稳进行，表现了小毛驴坚实、有力的步伐。

三度音程的运用使歌曲在平稳的旋律中有了起伏，好似小毛驴轻快的步伐在前行。

第一、第二、第三乐句句末，四度音程的运用使歌曲旋律在平稳、起伏后具有跳跃性。第四乐句的句末，旋律回到主音 d，使歌曲具有结束感。

（3）歌词。

歌曲虽然只有四个乐句，但却讲述了一个"我"骑小毛驴赶集，不知怎么摔了一身泥的小故事，充分体现出了北京儿歌形式简短、朗朗上口、诙谐幽默的特点。

（4）相关内容分析：

北京儿歌具有使用下滑音的唱法及说唱相结合的特色。

例如 1：歌曲《水牛儿》。

例如2：歌曲《打花巴掌》。

根据以上特点教师对歌曲进行了二度创作。

一是加入下滑音唱法，体现北京儿歌风格。

二是运用说唱的形式，体现北京儿歌风格。

第一遍：说歌词做律动。

间奏（站直，准备演唱歌曲）

第二遍：唱歌曲。

间奏（模仿小主人掸屁股上的土后，发出爽朗的笑声）

第三遍：唱歌曲做律动。

2. 学生情况分析

（1）学生对歌曲的熟悉程度。

通过课堂现场调查学情如下图。

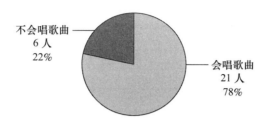

可以看出，全班 27 人中，会唱这首歌曲的人数占到了全班的 78%，但通过学唱歌曲前的演唱展示，发现这中间存在音准、歌词错误等问题，而对于歌谱更是没有接触过。

（2）学生对 d、m、s 识读的程度。

通过三个月 20 课时的训练，学生对 d、m、s 在五线谱中线间位置的熟练分辨已经具备了一定能力。课前对全班 27 名学生进行了一次 1 对 1 的调查。

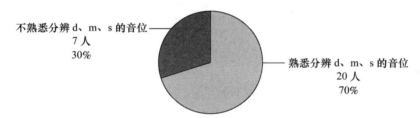

从上图中看出，70% 的同学已经能熟练分辨 d、m、s 的音位，但音准还需要继续训练。

（3）学生对歌曲风格的掌握。

学生对于歌曲的内容是熟悉的，但对于北京儿歌的风格特点却是陌生的。

3. 教学方式与手段说明

教学方式：听唱法学唱歌曲。

4. 技术准备

（1）用 Gold Wave 软件截取音响。

（2）制作移动 d、m、s 教具。

（3）用打谱软件制作谱例。

（4）用 PowerPoint 制作课件。

5. 前期教学状况、问题与对策

前期状况、问题	对　　策
70% 的学生接触过本歌曲，他们认为，自己已经掌握了歌曲，在学习过程中会出现注意力不集中、学习动力下降等现象。但事实上，大多数人都属于半生不熟的情况，在音准、歌词的准确度上都存在着问题	学唱前进行学情调查，根据学生的不成熟展示，教师追问"你会演唱歌曲的曲谱吗？""你知道这首歌曲是哪个地区的儿歌吗？"等问题，使学生产生对本节课的学习期待，从心理上重视学习内容，加强学习动力
学生熟悉 d、m、s 的音位，但对于音准还需要进一步加强	教师通过分层教学，在一、三乐句前两小节巩固 d、m、s 三个音位置的基础上，唱准 d、m、s，而后进行师生接唱。对于部分能力强的学生进行一、三乐句完整识读。最终师生可以完整接唱歌曲歌谱
第二乐句与第三乐句的衔接处，"我"字 连接着第三乐句的强拍，形成一个弱起的节奏，对于一年级初学歌曲来说，是不易掌握的	教师在读歌词、分乐句学唱的环节中，不教授弱起节奏，而是在第一次完整演唱歌曲后，利用 70% 的学生已接触过歌曲的优势，通过生生互助的方式，唱准弱起节奏

（三）教学目标

1. "情感·态度·价值观"目标

通过学唱歌曲《小毛驴》，学生乐于参与到演唱、表演等音乐活动中来，在活动中产生对北京儿歌的喜爱之情，并从中学习小主人乐观、积极的心态。

2. "过程与方法"目标

（1）识读法：巩固 d、m、s 在多五线谱中的位置，听琴模唱，适应歌曲音域。

（2）模仿法：用弹舌模仿节奏。

（3）听辨法：听辨节奏变化。

（4）律动法：边做律动边学习歌词。

（5）听唱法：分句学唱歌曲。

（6）接唱法：师生、生生接唱歌曲乐谱。

（7）启发法：感受小主人乐观、积极的心态。

（8）体验法：体会并表现歌曲风格。

3. "知识与技能"目标

（1）背唱歌曲。

（2）识读 d、m、s。

（四）教学重点与难点

1. 教学重点

（1）歌曲《小毛驴》的学唱。

（2）北京儿歌风格的体现。

2. 教学难点

（1）解决"哗啦啦啦　啦我"节奏难点。

（2）北京儿歌风格的体现。

（五）教学过程

1. 认一认，唱一唱

阶段目标：巩固 d、m、s 线、间位置，适应歌曲音域。

设计意图：通过识读 d、m、s 线间位置特点，进行音高模唱，训练声音和音准，适应歌曲音域。

活动 1：教师通过用自制教具在多五线谱上的移动，学生巩固识读规律并进行模唱

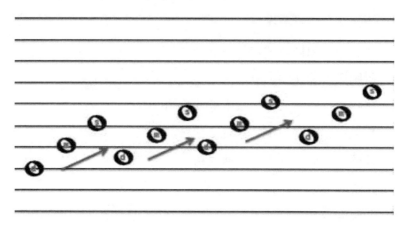

2. 听一听，想一想

阶段目标：熟悉歌曲节奏，听辨节奏变化。

设计意图：利用听辨法，听辨歌曲节奏及变化，同时感知音乐形象，并用弹舌的声音模仿小毛驴脚步的节奏。

活动2：听辨节奏

教师用双响筒敲击歌曲基本节奏，启发学生想象音乐描绘的是哪种小动物的脚步声。

学生边听教师敲击的节奏，边思考问题，然后回答"小鹿、马、狮子等"。

活动3：模仿节奏

教师用弹舌的方式表现基本节奏，学生模仿。

活动4：听辨节奏变化

（1）听变化举手。教师用双响筒敲击变化节奏，同时向学生提出"节奏在哪里发生了变化，听到后马上举手"的要求。

学生认真聆听，当听到灰色方块内节奏时，马上举手。

（2）听变化想象。教师用双响筒敲击变化节奏，提出"你能想象一下发生了什么事情？"的问题。

学生边思考边聆听，听后回答问题："有人追赶""撞上了东西"等。

（3）听变化拍手。教师用双响筒敲击节奏，并提出"在听到节奏变化的时候，请你击掌一次表示出来"的要求。

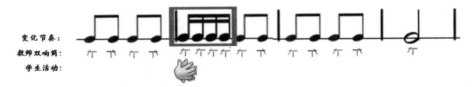

学生聆听，听到灰色方块内节奏时击掌表示。

活动5：初听歌曲

教师提出"这脚步声是什么动物？又是什么事情让它的脚步发生了变化？"的问题。

学生带着问题初听歌曲，听后回答"小毛驴""摔了一身泥"等。

3. 动一动，学一学

阶段目标：学习歌词，解决节奏难点。

设计意图：借助律动，渗透乐句感，为边唱歌曲边律动做铺垫，同时培养稳定的恒拍感和学生的肢体协调能力。

活动6：读歌词

（1）边做律动边学习第一乐句至第三乐句歌词。

①教师加律动分别示范第一乐句至第三乐句歌词。

律 动：　👣右　👣左　👣右　👣左　👣右　👣左　　双手向左侧模仿骑毛驴造型
　　　　　　　　　　　　　　　　　　　　　　　　双腿半蹲

在学生进行模仿前，教师提出学生律动时右脚先开始的要求。

学生模仿后，教师进行评价，提醒学生情绪、声音位置、长音等。

②教师示范第四乐句后，学生进行模仿。

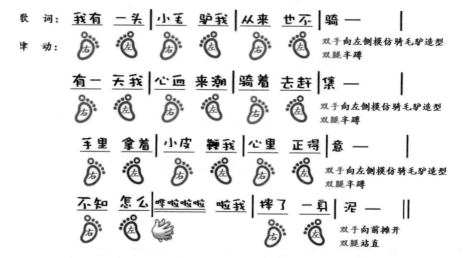

学生在"哗啦啦啦 啦我"的地方出现咬字不清、节奏不准确等问题。

教师先指导学生在"哗啦啦啦 啦"的地方，运用舌尖音，将字读准确。然后学生通过模仿→自己慢速练习→单独检测→提速到原速→全体原速解决"哗啦啦啦 啦我"。

（2）完整加律动读歌词。教师带领学生完整加律动读歌词。

（3）在钢琴节奏下完整加律动读歌词。教师用钢琴为学生伴奏，学生边做律动边说歌词。

活动7：唱会歌

阶段目标：运用听唱法，学唱歌曲。

设计意图：教师现场调查学情，了解学生对歌曲的熟悉程度，通过提问，激发不同程度学生的学习积极性，从而提出分层学习的要求。

（1）复听歌曲，尝试演唱。学生复听歌曲，并随着音乐演唱歌曲。

（2）现场学情调查，分层提要求。教师进行现场学情调查，提出"有多少同学会唱这首歌曲？"的问题，学生举手后，请同学单独演唱，并对演唱进行评价。

教师追问"你会唱这首歌曲的歌谱吗？""你知道歌曲是哪个地区的儿歌吗？"的问题。

根据以上调查，教师对不同学生学习歌曲提出分层要求："学过歌曲的同学，找出自己的问题，认真改正，并学唱歌曲的乐谱，深入了解歌曲风格；没学过歌曲的同学，也不用害怕，老师会一句一句教你。"

（3）听唱法，基本学唱歌曲。教师用钢琴慢速弹奏单音无伴奏旋律，学生听琴后演唱歌词，教师指导、纠正学生出现问题的地方。

①歌词"我有一头小毛驴"。

②纠正音准，指导声音位置。

③解决"哗啦啦啦 啦我"的歌词对位。

（4）完整演唱四个乐句。学生在教师中速带旋律伴奏下，完整演唱四个乐句。

（5）模仿法，解决附点节奏。

①完整演唱中，教师监听到个别学生在二、三乐句连接处加了一个"我"。

请单独学生来范唱后，全体学生模仿，解决弱起问题。

②完整演唱歌曲。学生在教师有旋律的伴奏下，完整演唱歌曲。

活动8：唱好歌

阶段目标：学生通过理解歌词，更好地体会歌曲情绪，运用动作展现歌曲中的童趣。

设计意图：教师通过讲述，让学生了解歌词大意，从而更好地感受到歌曲的情趣，体会歌曲中小主人乐观的精神。加入动作后，使歌曲更加赋有童趣。

（1）了解歌词，感受情趣。

①教师向学生提出"'赶集'是什么意思？"的问题，学生回答"买东西"等。进一步启发学生，体会赶集时高兴、自豪的心情。

②教师范唱，学生聆听。

③学生在教师的指挥下，模仿教师演唱歌曲。

（2）启发学生，学习小主人乐观的精神。

教师提出"小主人摔了一身泥之后，是坐在地下哇哇哭呢，还是掸掸屁股上的土，带着笑声继续骑着小毛驴去赶集呢？"的问题，学生回答"继续去赶集"。

教师启发学生，学习小主人乐观的精神。

（3）模仿动作，展现童趣。

①学生在教师的引导下，模仿小主人摔倒后起来掸掸屁股上土的样子。

②教师提出"在间奏中，模仿小主人掸掸屁股上的土，并带着笑声继续去赶集"的要求，学生边模仿掸土的动作边加入笑声。

（4）完整演唱，表现童趣。

97

完整演唱歌曲两遍，教师提出"第一遍唱歌曲，间奏模仿小主人揶屁股的姿势后发出爽朗的笑声，第二遍唱歌曲做律动"的要求。

学生复述老师的要求，跟老师原速带旋律伴奏进行演唱。

活动9：唱歌谱

阶段目标：巩固 d、m、s 的音准，提高听辨能力，增强合作能力。

设计意图：通过分层教学，满足不同能力学生的需要，利用接唱法，增强合作意识。

（1）乐谱填空，识读第一乐句前两小节。

①教师用语言为学生创设情境"小毛驴想请你们帮他一个忙，这是这首歌曲的第一句歌谱，前面两个小节的歌谱，它怎么也想不起来了，你们能帮他找出来吗?"

②教师单旋律弹奏第一乐句，并在后两小节时加入唱名。

③教师提示学生正确答案就在三种颜色的旋律中。

教师请学生分别唱浅灰色、黑色、深灰色旋律，判断哪个颜色是正确的。

学生识读歌谱，判断第一个音，浅灰色全体演唱，黑色单独演唱后全体演唱，深灰色全体演唱，并确定深灰色旋律是正确答案。

（2）师生合作接唱歌谱。

①教师和学生配合演唱第一乐句歌谱。

②分层教学，教师请有能力的同学来唱老师黑色旋律。生、生配合演唱第一乐句旋律。

③教师与学生分为三组合作演唱第一、二乐句歌谱。

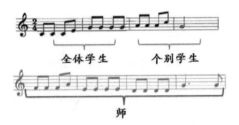

（3）观察第三乐句特点。教师请学生看屏幕，边观察边听教师弹奏第三乐句旋律与第一乐句有什么特点。

学生通过观察、对比，聆听教师单旋律无伴奏弹奏第三乐句，得出"第三乐句与第一乐句的旋律完全相同"的答案。

（4）再次合作演唱歌谱。

①生生合作第三乐句。

②师与生合作接唱第三、四乐句。

（5）师生合作接唱完整歌谱。

4. 赏一赏，试一试

阶段目标：通过模仿下滑音的唱法，表现北京儿歌的风格。

设计意图：学生通过模仿教师下滑音的范唱，初步体会北京儿歌风格。

将下滑音的唱法运用到歌曲中，表现出北京儿歌的风格。

活动10：风格引入

教师提出"《小毛驴》这首歌曲是哪个地区的儿歌？"的问题。

学生凭自己感觉回答后，教师揭晓歌曲是一首北京儿歌。

（1）听教师范唱感受北京儿歌特点。

教师通过范唱《打花巴掌》《水牛儿》，让学生体会到说唱结合，运用很多像滑楼梯一样的音（下滑音）这些北京儿歌的特点。

范唱谱例1：

范唱谱例2：

活动11：模仿体验

学生模仿教师范唱《水牛儿》中的下滑音，体会下滑音感觉。

教师对学生的下滑音进行指导，提醒学生下滑音要轻巧，一带而过。

活动12：下滑音唱法的运用

（1）确定即兴编创的乐句。

教师介绍歌曲《小毛驴》，可以加入下滑音来更好地体现出北京风味。

学生在教师的引导下，在第四乐句中思考哪个字加入下滑音在体现北京儿歌特色的同时还好听。

（2）说出想法并实践。学生说出自己的想法，在老师的帮助下进行实践，请大家判断是否适合。

活动13：重点练习

确定"么"上加下滑音后，全体学生进行模仿、练习，教师进行纠正，提醒学生下滑音时轻巧、一带而过。

5. 演一演，展一展

阶段目标：表现北京儿歌的风格和童趣。

设计意图：通过说唱结合的形式，加入下滑音的唱法，凸显北京儿歌的风格；边唱边加入律动，体现歌曲的童趣。

活动14：加入下滑音、丰富演唱形式，初次尝试

教师引导学生回忆教师之前范唱的歌曲《打花巴掌》，介绍北京儿歌另一个特点——说和唱相结合。

教师提出"第一遍说歌词做律动，间奏 1 时站直，第二遍唱歌曲，间奏边 2 时模仿小主人边掸土边发出爽朗的笑声，第三遍唱歌曲做律动"的要求。

学生复述老师的要求，并进行表演。

活动 15：丰富演唱形式，完整展现歌曲

教师做出评价，提出好的地方"完整按要求表演了歌曲"，同时也提出"情绪不够积极，童趣表现的不足"等问题。

学生根据老师的评价进行改善，加强情绪、释放童真，完整表现歌曲。

6. 小结

教师结语：今天我们就在小主人骑着小毛驴欢乐的歌声当中结束今天的音乐课吧。

（六）学习效果评价设计

1. 鼓励性评价贯穿整堂课

2. 形成性评价

	演唱与综合性艺术表演	风格体验
A	正确、很有情绪地，加动作读、背唱、表现歌曲	能够在第四乐句"么"轻巧加入下滑音，凸显北京儿歌特点
B	正确、稍有情绪地，加动作读、背唱、表现歌曲	能够在第四乐句"么"加入下滑音，但并不轻巧
C	正确、没有情绪地，加动作读、背唱、表现歌曲	不能够在第四乐句"么"加入下滑音

（七）教学设计特色说明

1. 分层教学，落实音乐课标的基本理念——面向全体学生，注重个性发展

本节课的教学环节中有两个地方，充分体现出了教师通过分层教学，落实课标基本理念，面向全体学生，注重个性发展。

（1）学习歌曲环节。

教师针对学情分析，分为三个层次学习歌曲。第一个层次：学会歌曲的同学，继续探究歌曲的歌谱及音乐风格；第二个层次：学过歌曲的同学，针对自己的问题在学习过程中进行纠正；第三个层次：没有学习过歌曲的同学，分句跟老师认真学唱。

（2）识读乐谱环节。

本班学习乐器的同学占到全班的 50%，针对这一学情，教师将识读乐谱环节分为两个层次。第一个层次：全体会识读第一、第三乐句前两小节的旋律，巩固 d、m、s 的音位，加强音准；第二个层次：有能力的同学继续识读第一、第三乐句后两小节的旋律，满足学生需求。

2. 体会风格，落实音乐课标的基本理念——弘扬民族音乐

课标中指出，"应将我国各民族优秀的传统音乐作为音乐教学的重要内容"。本课教学内容为一首北京儿歌风格的歌曲。如何唱出北京儿歌的特点呢？

首先，下滑音的唱法是北京儿歌特点之一，教师通过范唱老北京儿歌《水牛儿》，并指导学生模仿其中下滑音的唱法。当学生初步掌握了下滑音的演唱技巧后，教师给出《小毛驴》歌曲中的第四乐句，启发学生思考：在这一句中的哪个字加入下滑音呢？学生通过自己的实践，确定在"么"字后加入下滑音的唱法，既好听又体现出了北京儿歌的味道。

其次，说唱结合也是北京儿歌另一个特点。通过北京儿歌《打花巴掌》

的举例，教师建议学生将《小毛驴》这首歌模仿《打花巴掌》前面说后面唱的形式，更好地表现北京儿歌风格。

3. 增添童趣，落实音乐课标的基本理念——设计丰富的音乐实践活动

课标中指出，"从音乐学习的特点出发，设计生动活泼的教学形式，激发学生的学习兴趣，增进学生对音乐的喜爱"。本课教学中，律动的加入，间奏中模仿小主人撅屁股并发出笑声的设计，不仅增进了学生学习的兴趣，对音乐的喜爱，同时也体现了歌曲的童真，为整堂课增添了童趣。

低年级体育课堂教学中促进"问题学生"学习的活动策略探究①

——波普尔循环在小学体育教学中的应用

一、引　言

一年前我被学校选派到北京师范大学参加波普尔循环的学习，当时我还不知道参加这个活动的目的是什么，只是想着和国外的教授合作，看看能不能对我们国内的体育课产生一些帮助。在和澳大利亚新南威尔士大学Colin Evers教授、北师大老师的研讨和学习的过程中，发现如果把课堂教学中一些小的事情做好，对学生对老师来说都是有益的。

在平日的课堂教学中，为了使课堂教学达到老师想要的结果，为了让学生更多更快地掌握教学内容，特别是在"问题学生"的处理方面，教师也采取了一些手段和方法，通过波普尔循环的学习和教授的指导，我对"问题学生"的理解，以及促进"问题学生"学习的活动策略都有了深入、专业的理解，这让我的体育课更加科学化，更加有针对性。

以下是我的波普尔循环，在一个个循环的探索过程中，逐渐将主题聚焦为：低年级体育课堂教学中促进"问题学生"学习的活动策略。

---

① 本专题全部由刘禹撰写。

二、波普尔循环记录

波普尔循环步骤	反思性说明与诠释
P1： 如何维持体育课堂纪律	低年级学生对情境教学感兴趣，根据低年级学生的身心特点和认知规律，有的时候管不住自己的小动作，特别是容易控制不住自己的情绪。如在教学中设计情景让学生做游戏，课堂中会出现学生过度兴奋，导致课堂纪律出现问题
TT1： 教师及时处理个别同学纪律不好的现状，下课时单独谈话，并讲道理让他们懂得合作，和同学们一起有序完成本课任务	基本上可以解决上课中出现的问题。特别是纪律最不好的同学得到改善
EE1： 虽然纪律不好的同学在老师教导后纪律已经好多了，但是这样打乱了课堂教学的完整性	上课比以前轻松了，但是影响了课堂上完整教学的连续性
P2： 如何在保证课堂教学完整的前提下，让更多的学生跟随教师一起投入到学习当中，特别是平时纪律不好的学生也能积极参与学习	为了让所有的学生都能完成老师本课教学的任务，作为老师要照顾到每一名学生
TT2： 在课余时间给个别纪律不好的学生单独辅导，特别是给他们讲道理，让他们明白上课保持良好的纪律是学习知识的前提，也是对别的同学的尊重	抓住重点，从表现不好的学生里先把最不好的找出来单独解决
EE2： 纪律不好的同学经过教师的教导，课堂中的表现明显改善。但是，持续时间不长，几节课后，又出现了纪律不好的问题	在给低年级上课过程中发现纪律不好的同学经过教师的教导，课堂纪律有明显改善，但是持续时间不长，几天过后又会出现各种问题。特别是，他们上课的时候就是机械的学习，没有完全投入思考和学习之中

波普尔循环步骤	反思性说明与诠释
P3： 如何激发"问题学生"的学习积极性	在上课的过程中，特别是每个班如果有一些纪律不好的同学捣乱，会影响老师的教学进度，对其他学生学习和掌握知识的情况也会受到影响。要让这些学生真的对体育课感兴趣，投入课堂学习
TT3： 教师在上课的过程中多关注这些纪律不好的同学，特别是只要看到他们哪怕有一点进步和优点，就在全班同学面前表扬他们	多关注这些纪律不好的同学，以鼓励为主，增加他们的学习兴趣和自信心，让他们在同学之间有威信
EE3： 在课堂教学中特别是表扬过的同学有明显改变，但是对自己不感兴趣的内容依然无法维持纪律	我在课中也会让其他同学多鼓励纪律不好的学生，给他们增加自信，让他们专注学习，取得了很好的效果。但是，个别同学对自己喜欢的内容比较感兴趣，纪律就会好很多，不感兴趣的内容会觉得枯燥
P4： 如何让"问题学生"面对不太感兴趣的内容也能保持纪律	让"问题学生"在每节课上都保持纪律，可以保障课堂教学的顺利开展，也会促进所有学生的学习
TT4： 给他们分配相对喜欢的任务去做	如：让他们当班里的小干部，帮助老师组织和管理学生。特别是强调这些纪律不好的同学帮助老师组织管理，其他同学要配合
EE4： 个别同学觉得不感兴趣的内容枯燥时，依然会出现纪律问题	让他们做喜欢的任务可以稍微有所改善，但是当课堂内容对他们来说很枯燥时，依然出现纪律问题，老师在管理"问题学生"时，其他同学也会受其影响
P5： "问题学生"纪律不好的时候怎么能让其他同学不受影响	老师在上课过程中会处理纪律不好的同学或者是"问题学生"做出的一些非常规的行为，其他同学也会分散注意力
TT5： 把纪律不好的或者"问题学生"放在一起，特别是在练习某个动作需要分组的时候	学生在练习动作的时候课堂纪律会有明显改善，班里大多数同学都专注于教师的讲解和练习，这样也体现了体育课的教法（区别对待）

续表

波普尔循环步骤	反思性说明与诠释
EE5： 课堂氛围明显好转，同学们也会将更多的精力放在老师的教学和布置的练习内容上面。但是，这些"问题学生"在一起没有榜样进步会很慢	上课比以前轻松了，班里除了"问题学生"，大多数学生都学到了老师教的东西。教师以前经常处理一些"问题学生"的偶发事件越来越少了
P6： 如何使"问题学生"在课堂教学中得到提高	在上课的过程中，根据老师的教学经验，根据对"问题学生"的了解和对其他同学的了解，因人而异（如：能力、纪律、智力）地把他们分在不同的小组一起学习，课堂效果有明显改善
TT6： 在充分了解"问题学生"的基础上，把"问题学生"分在不同的小组学习，课堂效果有明显改善	分在一起的学生在练习动作的时候课堂纪律会有明显改善，班里大多数同学都专注于教师的讲解和练习，教学效果明显改善，有实效性
EE6： 课堂氛围明显好转，同学们也会将更多的精力放在老师的教学和布置的练习内容上面	教师上课比以前轻松了，更多的是组织练习和讲解示范指导学生，像以前更多的是处理学生之间的问题明显减少了，教师和学生都发生了很大的变化

三、课例：《跳短绳（一带一）》

——基于波普尔循环的研究课教学设计

（一）指导思想与理论依据

本课以"健康第一"为指导思想，依据《体育与健康课程标准》，落实"以学生发展为中心，重视学生主体地位"的基本理念。结合二年级学生身心特点设计本课教学。提高学生对"跳短绳（一带一）"的兴趣，激发学生思维活跃，培养学生体育锻炼的意识和习惯。

（二）教学内容与课次安排

1. 内容

本课以北京版二年级《跳短绳（一带一）》为教学内容。

2. 课次安排

本单元共 2 课时，4 课次。本课为第二课次。

重点：同起同落、节奏一致。

难点：配合协调、动作连贯。

（三）教学背景分析

1. 教材分析

跳绳是人们常见的一种体育锻炼手段，在单摇练习较好的基础上，拓展练习一带一。通过反复练习，使学生较好地掌握同起同落、节奏一致的技术动作。

2. 学情分析

我所教授的学生通过上节课的学习，大部分学生初步掌握了"一带一绳触地面，两人跳起过绳"的动作，在此基础上继续学习一带一技术动作。本班"问题学生"比较多，本节课教师根据他们的特点特意把他们安排在不同的小组，使得课堂效果更好。

（四）学习效果评价设计

优秀（30 秒）	良好（30 秒）	合格（30 秒）
能做到两人协同跳，节奏一致、同起同落，配合协调、动作连贯，并完成30次以上	两人协同跳，节奏较一致，配合较协调、动作较连贯，并完成20~30次	两人协同，跳节奏基本一致，配合不够协调，并完成20次以下

评价方式：师生共评、生生互评、小组评价、自我评价。

（五）本课特点

（1）通过节奏沙锤的使用，将音乐课学过的知识迁移到体育课堂中来，既是对学生思维的培养，也是跨学科融合的一种体现，学生听声音感受动作节奏的一致，做到同起同落。

（2）根据"问题学生"的特点和本班的实际情况，把他们分在不同的小组，互相学习和练习，体现区别对待的同时更能体现出这种特殊的教学方式。

（六）教学安全

课前教师提前渗透安全教育，教学中及时处理突发事件。充分活动各关节，防止运动损伤，有效控制运动负荷，在主教材中穿插养护。提示学生不要进入同伴练习区域，多巡视观察场地情况。

（七）教具运用

音箱 1 台、跳绳 40 根、节奏沙锤 40 个、展板 1 块、轮胎 4 个，场地平整、宽阔，保证学生练习安全。

教学计划

年级：二年级   课次：2

教学内容：一、跳短绳（一带一） 二、游戏：大力水手
教学目标： 1. 95% 以上的学生知道跳短绳（一带一）的动作方法，90% 左右的学生掌握技术动作，做到同起同落、节奏一致。在游戏教学中，发展学生上肢力量，培养学生的竞争及团队合作意识。 2. 通过教师讲解示范、出示口诀、教具等方法，让学生掌握跳短绳（一带一）的技术动作，发展学生弹跳力和协调力。 3. 培养学生的竞争、合作意识，以及克服困难的优良品质。

部分	教学内容	时间	次数	教学指导过程	学生学习过程	组织场地及要求	阶段目标养护措施
开始部分	一、上课式 1. 队长整队，报告人数 2. 师生问好 3. 宣布本课内容 二、列队练习 1. 原地蹲起 2. 四列横队变八路纵队	3'	1	1. 引导站队 2. "同学们好" 3. 宣布内容及要求 4. 口令声音洪亮	1. 队长整队，报告人数 2. "老师好" 3. 认真听讲 4. 动作整齐规范，口号声音洪亮	组织（如图）： ★ ★ ★ ★ ★ ★ ★ ★ ★ ★ ☆ ☆ ☆ ☆ ☆ ☆ ☆ ☆ ☆ ☆ ▲ 要求： 1. 动作规范，节奏感强 2. 注意力集中，精神饱满	培养良好的团队组织纪律性，给"问题学生"树立榜样
准备部分	一、运动模仿操 1. 投篮 2. 跑步 3. 乒乓 4. 滑冰 5. 游泳 6. 举重 7. 跳绳 8. 踏步 二、专项准备活动 1. 泡泡糖 2. 单摇跳绳	6'	1	1. 请学生一起带操 2. 巡视指导，纠正动作 3. 组织进行游戏"泡泡糖" 4. 引导学生练习单摇	1. 听音乐做模仿操 2. 动作到位，节奏准确 3. 体验游戏 4. 巩固动作	组织（如图）： ★ ★ ★ ★ ★ ★ ★ ★ ★ ★ ☆ ☆ ☆ ☆ ☆ ☆ ☆ ☆ ☆ ☆ ▲ 要求： 1. 节奏准确，动作规范到位 2. 充分活动各关节	养成做任何运动之前都要做好准备活动的好习惯

部分	教学内容	时间	次数	教学指导过程	学生学习过程	组织场地及要求	阶段目标养护措施
基本部分	一、跳短绳(一带一) 动作方法:两人面对面站立,一人两手持绳,做向前摇绳的并脚跳,持绳者两臂尽量前伸摇绳,当同伴跳过绳子后,随即跳起过绳 重点:同起同落、节奏一致 难点:配合协调、动作连贯 口诀: 持绳双臂伸向前,我俩距离不宜远,先摇后跳是关键,同起同落勇争先	20'	1 1 2~3 3~5 5~8 1	1. 引导学生复习跳短绳(一带一),体会动作方法 2. 引导学生在统一的口令下做徒手模仿练习 3. 讲解示范一带一的动作方法并设疑"老师做的有什么不同" 4. 引导学生分组模仿练习,强调同起同落、节奏一致 5. 出示口诀,引导练习 6. 出示教具,强调同起同落、节奏一致 7. 优生展示、组织练习	1. 两人一组进行跳短绳(一带一)练习,体会跳绳的时机 2. 跟随教师节奏,统一练习 3. 仔细观察,积极思考 4. 徒手模仿后过渡到持绳模仿练习,体会动作重点 5. 根据口诀提示再次练习 6. 体验练习,掌握动作 7. 认真观看,给予鼓励、巩固动作	组织(如图): ★ ★ ★ ★ ★ ★ ★ ★ ★ ★ ☆ ☆ ☆ ☆ ☆ ☆ ☆ ☆ ☆ ☆ ▲ 要求: 1. 同起同落、节奏一致 2. 注意间隔距离 组织(如图): ★ ★ ★ ★ ★ ★ ☆ ☆ ☆ ☆ ☆ ☆ ▲ 要求: 1. 小组和小组之间注意间隔距离 2. 防止冲撞,注意安全 3. 结伴合作,相互学习	课前特意安排几名"问题学生"分在一组练习,促进合作学习能力 观察教师示范,形成动作表象 发散思维,通过练习、思考对比、分析,用自己的语言说出动作的重点 思维迁移,合作、分享 鼓励、对比、进一步提高练习 梳理动作,总结方法

113

部分	教学内容	时间	次数	教学指导过程	学生学习过程	组织场地及要求	阶段目标养护措施
			1	8. 计时比赛 9. 评价小结	8. 积极比赛 9. 认真听讲		把"问题学生"分到不同小组比赛、团队合作、克服困难、永争第一
	二、游戏:大力水手 方法:将学生分成四组,听到开始口令后快速翻滚轮胎至对面同学,依次完成接力,最先完成的小组获胜 规则: 1. 听口令出发 2. 翻滚轮胎正确	9'	2~3	1. 讲解游戏规则 2. 按特点把学生分成四组,引导比赛 3. 巡视指导,组织练习 4. 小结游戏	1. 认真听讲 2. 听从指挥 3. 互相加油、鼓励 4. 认真听讲	组织(如图): ①②③④ ↕ ②②③④ 要求: 1. 自觉遵守游戏规则 2. 注意安全	
结束部分	一、放松小舞蹈《虫儿飞》 二、教师总结 三、宣布下课 四、收拾器材	2'	1	1. 带领学生听音乐放松练习 2. 小结:表扬与鼓励 3. 宣布下课	1. 充分放松身心 2. 认真听讲 3. "老师再见"	★★★★★ ★★★★★ ☆☆☆☆☆ ☆☆☆☆☆ ▲	在舞蹈中感受美、体验美。对身体和身心进行放松
场地器材	音箱1台 跳绳40根 节奏沙锤40个 展板1块 轮胎4个	运动负荷曲线预计				练习密度预计 40%左右	

安全措施	一带一练习时提示安全距离,合理布置场地,不要进入其他同学练习区域,适时进行养护放松,游戏中注意手翻轮胎的位置
课后小结	

四、总　结

苏霍姆林斯基说过:"关心儿童的健康,是教育者最重要的工作。儿童的精神生活、世界观、智力发展、知识的巩固性、对自己力量的信心,都取决于他的生命的活力和精力充沛的程度。"作为一线的教育工作者,对于儿童世界的认知,要通过对儿童言行的观察所得,不仅要教好书,更要教会学生怎样做人,即要成才必先成人。因此,"问题学生"的问题是教师教学过程中必须关注的大事,这将会影响学生的一生。

(一)什么是"问题学生"

"问题学生"是"进入 21 世纪以来,随着以人为本教育思想的倡导,出于对学生的尊重提出来的"。所谓"问题学生",是指学习、生活等思想行为方面有偏差,不利于个人的发展,不利于班级的管理,最让老师伤脑筋、费精力的学生。这些学生在班级里往往表现出:不服管教、自行其是,或者思想偏激、自暴自弃,或者远离同学、孤独自闭。还有一些学生沉迷网络,学习态度不端正,学习成绩较差,还包括一些存在不良品行习惯、思想觉悟低、时常惹是生非、打架斗殴的学生。这些"问题学生"给学校的教育和家庭的教育都带来了较大的困难。

（二）"问题学生"的成因

造成"问题学生"的原因是多方面的，主要有以下几个方面。

1. 学生自身的原因

（1）受先天遗传因素的影响，每个学生的智力水平是有所差异的。

（2）受早期教育因素的影响，每个学生的学习基础和学习习惯是不同的。

（3）受自身适应能力的影响，每个学生对知识的接受能力有所差别。

（4）受少年儿童自身所处的成长阶段的影响，小学生的心理并不稳定，容易产生自卑心理、盲从心理、逆反心理等。

受上述自身因素影响的学生在同一个集体中学习，必然会有先进生和后进生的差别。部分后进生长期压抑，无法获得自我认同，对自身能力产生怀疑，开始厌学。他们或者无所事事，或者干脆做些离经叛道的事情吸引别人的注意，从而获得自我认同感，久而久之就成了人们口中的"问题学生"。

2. 家庭原因

（1）学生家庭经济条件因素。当今社会贫富差距仍然较大，部分学生家庭条件差，儿童缺乏学习物质用品，在班集体这个大环境中，和家庭条件相对较好的孩子比较，心理有落差。受家庭条件的限制，孩子的课外读物也处于匮乏状态，影响了孩子的成长发展。

（2）留守学生因素。有些家庭父母外出务工或经商（农村居多），把孩子留在家里由老人或者亲戚照顾。有些孩子表现出任性、自私、自我中心或封闭、孤独、畏惧等性格弱点。再加上监护人文化程度较低，无法很好地教导孩子，使一些"留守学生"行为纪律散漫，学习困难，品德不良，成为"问题学生"。

（3）单亲家庭因素。由于家庭自然结构被破坏，形成"单亲家庭"或者"离异家庭",父母在经济或者教育问题上相互推诿,造成孩子身心上的伤害。教育不单单是学校和社会的责任,很大程度上依赖于家庭,单亲家庭使"家庭教育残缺"。在这样的家庭中成长的孩子很容易成为"问题学生"。

只有找到了问题出现的原因,根据原因才能找出正确的解决方法并给予解决。

每个孩子都希望得到爱,尤其是"问题学生"更加希望得到爱。小学生每天在校时间为 8 小时左右。教师往往要"身兼数职",既是老师,又是"父母",还是"好友知己"。教师的爱是塑造"问题学生"灵魂的一种伟大力量。只有真正的爱他们、亲近他们,深入到学生中去,多与学生进行"爱"的交谈,了解学生的优缺点,洞察学生的心理变化,沟通情感,创设宽松、和谐的教学环境,才能使他们感受到老师的关爱和尊重,使他们相信个人的价值。教师要对"问题学生"所产生"问题"的原因深入了解,对他们"问题"背后的心灵创伤给予理解,真诚地谅解他们的"问题",用正确的方法帮助和教育他们,"问题学生"才能够转变。

对待"问题学生"时,要给予更多的表扬和肯定。针对某些"问题学生"自卑、戒备、逆反等心理因素,要特别注意学生的感受,多用正面激励、少批评,用激励的说法更容易让学生真正的接受,从而加以改正。从马斯洛的五层级需求理论可知,学生欠缺归属感和成功体验,是出现诸多问题的根本原因。所以对待"问题学生"时,要让他们在实践过程中获得成功的体验,从而使他们感到学习生活是快乐的。在教学课堂提问中,把一些简单的问题留给"问题学生"来回答,对于他们的正确回答给予表扬;在考试中,适当降低试题难度;班会上引领学生讨论一些他们感兴趣的话题和社会现象……通过这样的方法让他们获得成功的体验,重拾学习的乐趣。

通过体育课中的实验和整理,以及老师在教学中的一些经验,发现针对一些"问题学生"的处理方法,因人而异,因班而异,具体问题具体分析。

分组教学模式不同于一般的教学，它能促使教师变被动为主动，促使学生更加积极地参与体育活动。参与积极性提升，避免了学生上课当观众的现象，也有利于学生因个体差异而引起的差距得以缩小。对学生进行分组后，不仅使学生在体育活动中得到了快乐，而且进一步提升了参与的热情，促使其在不同的条件下进行身体锻炼，同时，还可以利用各种方法对自己的锻炼效果进行检验，同组的学生通过互相帮助共同提高。因此，分组教学模式有利于提升小学生的锻炼效果。

（三）小学体育课进行分组的原则

1. 教学目标的制订要具有科学性

在制订小学体育课教学目标时，要兼顾每一个学生，并且要考虑学生之间的个性差异。小学体育教材中虽然给出了统一的教学目标，但是学生在具体的学习中对教材内容的理解深度、广度、速度等方面存在或大或小的差异。因此，教师在制订教学目标和进行指导练习时，要根据不同学生群体在身体素质、体育基础以及心理需求等方面的不同而区别对待。

2. 在充分了解学生情况的基础上客观分组

小学体育教师在进行分组之前必须对学生整体有一个深入的了解，包括每个学生的体质、体育基础、运动能力以及心理需求等。首先，教师可以根据学生以往的体育成绩进行初步的判定，再根据学生平时体育活动中的表现进行观察认定，最终根据教学目标进行客观分组。特别注意的是，每个小组成员都不是固定不变的，在教学过程中，教师要根据具体的实施情况对小组成员进行合理调整，这是一个动态的过程。

（四）小学体育分组教学模式在实践中运用的作用

1. 有利于促使全体学生都参与到体育运动中去

小学体育的分组教学变传统的被动接受式学习为主动探索式学习，充分调动了全体学生参与体育运动的积极性，改变了少数学生参与、多数学生旁观的教学现象。通过分组学习，学生能够亲身体会到体育带给自己的乐趣，提高了参与体育运动的积极性，同时，也使学生掌握了科学地进行自我监测和自我评价的方法，有效提升体育教学的教学效果。

2. 有利于培养学生更高层次的运动技能

采用分组教学，学生在很好地完成符合自身身体状况和运动能力的教学目标之后，教师便可以适当增加练习难度，相应的技术指导也会随之增加，从而使学生的身体素质和体育技能得到更好的训练，有利于更好地完成体育教学的教学任务。

3. 有利于更好地实现学生身体健康与心理健康

在分组练习中，学生在老师或各小组长的带领下相互配合、相互学习，共同完成教学任务。与此同时，由于各小组成员的基础水平和心理需要大致相同，在一起练习会减少自卑感，提高了练习的积极性，也使学生产生取胜的愿望，有利于培养学生的心理健康。

4. 有利于培养学生的社会适应能力

与其他课程相比，体育课教学在提高学生社会适应能力方面具有不可替代的作用，而体育分组教学则是培养学生社会适应能力较为有效的方法。在体育分组教学中，学生积极地参与各项体育活动和体育比赛，可以了解并亲身体验到合作与竞争、关怀与鼓励、集体与个人的关系等，提高对周围人和事的关心程度，总结一些与人交往的经验，这些能力还会迁移到学生今后的工作与生活中。

在小学体育教学中采用分组教学模式要注意时效性，要从小学教材、场地器材等客观条件出发，实事求是、联系实际进行教学，让每个学生在轻松愉悦的环境中进行锻炼。同时，分组要合理，发挥分组教学的优势，巧妙组合，教出水平。

综上所述，加强分层分组教学特别是"问题学生"在课堂教学中的合理安排在小学体育教学中的应用研究具有非常重要的现实意义。通过对分层分组教学的理论研究，能够让我们对于实际的体育教学有一个更加深刻的认识，进一步满足教学实际中现实需要和理论方面的支持，使得小学体育指导教师充分认识到学生的特点和兴趣，根据体育教学的基本规律，在把握好各方面因素的基础上，积极创设出更多符合教学实际的教学环境和情境，使得小学学生的身心得到更加稳定的提升，为其终身的体育和身体健康打下更为坚实的基础。

美术课堂小学生个性发展的实践过程研究[①]

——波普尔循环在小学美术教学中的应用

一、引 言

波普尔是当代西方著名的科学哲学家，他的哲学工作几乎涉及人类知识的各个重要领域。其中，他的科学发展模式理论在西方乃至世界都产生了重要影响。波普尔的科学发展模式理论之所以有这么大的影响，就在于他的科学发展模式理论始终贯穿着科学的创造精神与科学的批判精神。

在波普尔的科学发展模式中，科学理论的猜想性质决定了它内部隐藏的谬误。任何理论都是科学发展的一个暂时的阶段，是科学走上一个更高阶段的过渡。科学总是表现为一种不断反驳、不断批判或者不断革命的发展机制。

本文通过波普尔循环方法，通过六个主要循环阶段的实践研究过程，分析、解决小学生美术课堂个性发展问题。

[①] 本专题全部由苏浩男撰写。

二、波普尔循环推进过程及阐释

第一循环（P1）：如何在美术课堂上发展技能的同时发展个性

艺术风格是指艺术作品的内容和形式中包含的鲜明特征。绘画的艺术风格是指绘画所能带来的共鸣与内涵。绘画来自生活，有着浓郁的生活气息，艺术风格自然也形成了特定的多样性。

生活是绘画艺术的基础，因为创作者用作品向外界展示他们的潜在思想，所以这些艺术作品自然会反映出不同的形式和风格。可以说，艺术作品的创作过程反映了创作者的独特性，从生活中的素材到素材的整理，最后进行艺术形式表达的转化，即通过绘画的艺术语言将素材进行转化。在这个转化过程中，艺术作品的构建包含了创作者独特的创造力和想象力。

美国著名心理学家兼教育家布鲁纳认为，不论是儿童凭自己的力量做出的发现还是科学家努力于日趋尖端的研究领域所做的发现，按其实质来说都不过是把现象重新组织或转换使人能超越现象再进行组合，从而获得新的领悟。从这个意义上说，儿童绘画与画家绘画的区别在于他们有不同的理解水平和经验，他们的绘画活动没有本质的区别。

艺术课程有人文性质的差异。通过艺术教育，学生可以认识人类情绪、态度和价值观，以及人类社会丰富性的差异。随着新课程改革的不断深入和素质教育的不断深入，学生创新能力的培养受到越来越多的关注，艺术教育在培养学生创新能力方面所发挥的独特作用是毋庸置疑的。因此，在新理念的要求下，小学美术教育的需求也上升到了一个新的高度。挖掘学生的潜能，不断激发学生的创新学习意识，是教师在小学美术教学过程中应始终贯彻的理念，这对促进学生的全面发展起到重要作用。当前美术教师在教学中面临的主要矛盾，是在有限的教学时间内教给学生课本上的内容，为了激发学生的兴趣，还要让学生充分掌握艺术技能。从学生作品也能看出问题的本质在于学生在课堂中完成的作业有很多共同点，缺乏有个性的作品，由此也导致部分学生喜欢美术但不喜欢美术课。

通过调查反馈，发现有些学生会模仿老师的示范。教师示范在艺术教学中一直发挥着重要作用。通过教师的直接示范，学生可以掌握绘画技巧，提高实际绘画水平。这在教学中直接而生动地显示出来。另外，通过老师的言行，学生可以更直接地掌握艺术创作的技巧。然而，强调教学目标中的技能发展也阻碍了学生的部分个性。

由此，我进行了第一次的试探性理论（TT1）：课堂上使学生完成两幅作品，一张满足课堂上的教学目标（知识与技能层面、过程与方法层面），另一张满足学生个性需要。

美术课注重培养学生的个性，但不能忘记"双基"（知识和技能）。随着课程改革的推进，许多教师在设计课堂时自然地将"双基"要求降低。但调查发现，许多学生的基本知识非常缺乏，实践活动的能力也下降了。因此，为了培养学生的个性，不能忘记学生美术技能的发展。

传统美术教育只强调理性的知识和技能传授，并将传授技能转移作为获取知识和发展理性的基本途径。在教学中，教师将知识灌输给学生，学生只能被动接受一套固定的表达方法，这压抑了学生的个性。

更重要的是，传统的美术教学更加注重临摹，忽视了学生的个性表现。教师采用临摹的教学方法，将技能灌输给学生，使学生套用在自己的画里，这使儿童对生活中的美无动于衷，对生动有趣的物象不会画也不敢画，每个孩子的画没有个性，没有心灵感受。

艺术教育与其他学科的教育不同，艺术创作没有统一的答案。造型艺术是人类的精神产物，它是人类表达的视觉语言。每个个体经历不一样，他们表达的方式也有所不同。

　　传统艺术教育观念认为，教学应注重教师的主导作用，重视教材，重视课堂教学，注重知识转移。而现代艺术教育观念认为，教学应注重学生的主体作用，注重实践，注重社会经验，注重能力的培养和发展。传统艺术教育和现代艺术教育都是教育发展到一定历史阶段的产物。这两个教育理念都有自己的重点，都有自己的优势，也都有自身的局限性。例如，凯洛夫是传统教育理念的代表人物，杜威是现代教育理念的代表人物。他们为教育理论和实践做出了一些贡献，但由于片面性或固执性，对教育事业的发展也产生了不利影响。在推进素质教育的过程中，有的人只看到了我们教育的优势，所以他们是被动保守的，不去想改革，很难取得成就；有些人只看到我们教育的缺点，否定一切，也容易误入歧途。因此，我们不仅要看到两者的对立面，而且要看到两者的统一，肯定传统艺术教育注重知识的转移，同时要从现代艺术教育的优势出发，注重能力和人格的培养，正确运用两者的关系。

　　经过实践验证，美术课堂时间有限，学生操作来不及，作业质量不佳，达不到完成两张作品的要求。这个实验性理论，使学生既重视了知识与技能，又得到一定程度的个性发展，使学生不仅喜欢美术也更加喜欢美术课。但学生在时间的安排上出现了很多的问题，无法完成相应的作品，并且对老师美术课堂的变化表现出反感。

　　第一个循环如下。

波普尔循环步骤	反思性说明与诠释
P1： 如何在美术课堂上发展技能的同时去发展个性	1. 这个问题的本质是学生在课堂中所完成的作业有很多的共同点，而缺乏个性的表现，部分学生喜欢美术但不喜欢美术课。 2. 新课程改革明确指出："尊重和保护人的个性是现代社会的基本特征，美术课程在引导学生形成共同的价值观的同时，也努力保护和发展学生的个性。"但实际教学过程中，学生会对老师的示范进行模仿，教学目标中关于技能发展的方面也会阻碍学生的个性化创作。

续表

波普尔循环步骤	反思性说明与诠释
	3. 之所以选择这个题目，是因为：美术课程具有人文性质和差异性。通过美术教育，使学生认识人的情感、态度、价值观的差异性以及人类社会的丰富性。学生的每个行为都是个性和环境相互作用的结果，个性发展是人的全方面发展的必要条件。美术课能够成为学生展现个性的舞台，让表达个性成为学生的习惯和追求
TT1： 课堂上让学生完成两幅作品，一张满足课堂上的教学目标（知识与技能层面、过程与方法层面），另一张满足学生个性需要	1. 在课堂中完成两幅作品，一副以完成技能方法为目标，另一幅满足个性需要。达到技能与个性发展的双提升。 2. 美术课堂既注重学生的个性发展，又不能忘掉"双基"（知识与技能）。很多老师设计课程时自然将"双基"加以淡化，但调查后发现：很多学生基本知识很缺乏，动手能力也有所下降。所以，不能为了发展学生的个性培养，而忘掉学生美术技能的发展
EE1： 课堂时间有限，达不到完成两张作品的要求	1. 这个实验性理论，使学生既重视了知识与技能，又得到一定程度的个性发展，使学生不仅喜欢美术也更加喜欢美术课。 2. 这样的方法，在课堂时间的安排上出现了很多问题，学生无法完成相应的作品，对老师美术课堂的变化表现出反感。 3. 遇到这些困难后，思考有没有一种更有效的办法去解决时间上的问题。 4. 新问题是，如何在有限的时间内设计满足学生个性需要的美术课堂

第二循环（P2）：如何在有限的时间内设计满足学生个性需要的美术课堂

义务教育阶段学校根据《义务教育课程设置实验方案》开设艺术课程，确保艺术课程课时总量不低于国家课程方案规定总课时9%的下限，鼓励有条件的学校按总课时的11%开设艺术课程。但是，如果每两课时完成两张作品，学生感觉很有难度。

美术课程内容广泛，它集实践性、活动性、创造性于一身。小学阶段的主要教学目标不仅在于培养学生的创新精神，还要培养学生的动手操作能力。而美术创作的过程不是一个简单的过程，它不但要求作品的构思新颖，还要求创作作品的形式、方法和材料富有变化。课堂上让学生完成两幅作品——一张满足课堂上的教学目标（知识与技能层面、过程与方法层面），另一张满足学生个性需要，这更不是简单的两幅作品的问题，还需要我们将美术课的内涵外延，相对来说，学生需要花更多的时间去感知人文文化及掌握美术知识，环节多了，时间自然也就紧了。

遇到这些困难后，我在思考有没有一种更有效的办法去解决时间上的问题——如何在有限的时间内设计满足学生个性需要的美术课堂。

一方面，这要求教师：不仅要教给学生新的知识和艺术技能，而且要培养他们的自我探究能力和合作意识；用较短的时间完成教学过程，减少对学生练习时间的占用；采用教材"重组整合"的方式，适当调整课堂内容，节省学生在课堂上操作和评价的时间。

另一方面，也引出了第二次试探性理论 TT2：通过分层教学的方式，课前进行一系列工作——了解学生的前期经验、认知程度以及学习风格，然后基于学生个体差异设计教学活动（根据不同学生的水平，在美术实践环节布置不同的实践要求），满足作业多样性及个性需要。

分层教学又称"分组教学"和"能力组教学"，是一种基于充分认识个体能力差异的科学教学方法。在实践中，教师基于学生的知识和能力，诸如水平和潜在倾向等因素会将学生分成不同的层次，每个级别的学生能力水平基本相似。通过这种"差别对待"的方式，每个学生的能力晋升都可以实现。具体而言，在小学分层的教学中，教师应充分了解学生在美术学习方面的差异，包括兴趣爱好、艺术潜能、个性特征等，并根据基础艺术的要求进行划分。

运用现代教育理论，用学生作为参照进行分层教学，实质上是对"因材施教"的解释。中国古代的教育家孔子很早就意识到"不患人之不己知，患不知人也"的重要性。"知人"的本质是要充分认识教育对象，包括性格、品质等等。对于小学美术教学工作，小学生是不同的"材"，"教"应当以小学生为基础，而不是其他外力和教育因素。现代教育学理论提出的"多元智能"理论也具有同样的内涵。实际上，不同的人在不同的领域都有自己的才能，比如数学才能、语言才能、音乐才能等。艺术只是其中之一。换句话说，每个人都有自己的专业领域和不擅长的领域，并在此基础上发展"分层"，有利于区分不同能力并合理地使用资源。

教学目标的分层需要前期测试，即通过师生双向的教学活动来确定不同的目标层次，如基层、中层和高层。小学美术教学分层次模式的发展旨在打破对教学大纲的依赖，充分考虑每个学生的差异，并参照教学要求对其进行细分。其执行依据则是学生在美术课堂中的具体表现。

例如，人教版小学美术三年级下册的第一课《水墨游戏》中，可以设计三个教学目标分层：对于"基层"的学生，要求了解水墨绘画工具，能够掌握焦、浓、重、淡、清不同的画法；对于"中层"的学生，要求临摹课本上的画作，或教师自备的水墨画作品，达到基本相似的水平；而对于"高层"的学生，提出自我创作要求，给出一首唐诗或一段描述，让学生进行自主尝试。不同层面的教学目标实现即可，并不需要强调绘画水平的高低强弱。

同样，为了满足美术课堂作业的多样性，在设计作业时要符合学生的美术水平，并保留一定的自我提升空间，让学生在学习的过程中收获成功、培养自信。

例如在人教版小学美术《我的老师》中，教学目标是了解人体基本结构、特征，学会线描的人物写生方法，并进一步培养学生对人物画的兴趣。在展开作业分层的过程中，可以要求"基层"的学生简单地画出人体结构，并适当地表达出细节部分。"中层"学生可以加入一定的色彩元素，如对衣服、鞋子等进行一定的细化。"高层"学生可以灵活定位，比如要求基本形似、神似，或者进行其他方面的创新，如连贯性动作、以漫画形式配文字等。

经过实践操作发现，学生对分层教学——设定不同的实践要求反馈很好，作品个性化加强，完成度增高。但前期了解工作变得更加复杂，每班有40人左右，若对每个学生进行前期经验、认知规律以及学习风格的了解，教师的研究能力和采集的信息满足不了实际所需，并且教师会花费大量的时间和精力。

第二个循环如下。

波普尔循环步骤	反思性说明与诠释
P2： 如何在有限的时间内设计满足学生个性需要的美术课堂	1. 这个问题的本质是通过每周两课时的美术课，让学生得到充分的个性化发展。 2. 义务教育阶段学校根据《义务教育课程设置实验方案》开设艺术课程，确保艺术课程课时总量不低于国家课程方案规定占总课时9%的下限，鼓励有条件的学校按总课时的11%开设艺术课程。但是如果每两课时完成两张作品，学生感觉很有难度
TT2： 深入了解每一位学生的前期经验、认知程度以及学习风格，然后基于学生个体差异设计教学活动，并安排相应学习任务	1. 分级教学，通过了解学生的前期经验、认知程度以及学习风格，然后基于学生个体差异设计教学活动（根据不同学生的水平，在美术实践环节布置不同的实践要求），满足个性发展需要。 2. 这个理论的核心是"分层教学"，就是教师根据学生现有的知识、能力水平和潜力倾向把学生分成几组。这些群体在教师恰当的分层策略下得到最好的发展以及不同的个性提高。 3. 根据学生的发展水平分成几个层次，按学生实际情况进行个性化的教学设计，设定不同层次的教育目标，满足不同学生的个性需求，使不同的学生获取不同的发展，并提高积极性
EE2： 每班有40人左右，若对每个学生进行前期经验、认知规律以及学习风格方面的了解，教师的研究能力和采集的信息满足不了实际所需，并且教师会花费大量的时间和精力	1. 在尝试阶段，学生对分层教学——设定不同的实践要求反馈很好，作品个性化加强，完成度增高。 2. 面临的问题是教师在前期会花费大量的时间和精力。 3. 试图通过之前的课堂反馈对学生进行分析，并及时总结。 4. 产生的新问题：无法做到对每一个学生进行细致的分析

第三循环（P3）：如何做到在一定时间和精力范围下，对每一个同学进行细致的分析

学生是课堂的主体，一切教学活动是围绕这一主体的主动参与学习展开的，只有当教师充分了解自己的学生，对学生进行学习前的各种情况分析，才能有效地利用学生的最近发展区完成各项学习活动。在有限的时间内，了解每个学生的前期经验、认知规律以及学习风格是很重要的问题。

第三次试探性理论（TT3），我将学生的学情调查过程集中于平时的课堂当中，并进行随堂记录，在下一次新课时可以更好地去了解学生的具体学习情况。

了解学生的途径很多，其中特别重要的一条是在课堂上观察学生的平时表现，这不需要在课下做太多的调查工作。教师把课堂观察作为学情分析的途径，可以减少教师的分析时间，并使课堂观察成为教师教研生活中的一种习惯。

学生在课堂上的表现可以提供很多信息，可用于测试学情的有效性。如果教师能够掌握这些信息，将有利于教师在课堂上调整教学计划。这些信息也将有助于教师的后续教学，并成为新一轮的预教。课后的分析旨在了解学生的学习成果，并全面反映教学设计和实施过程。当教师在课后分析情境时，可以将方法和内容与情境的前期阶段分析相结合，从而建立起教学策略和效果分析的因果联系。

学情分析是一个持续和动态的分析过程，在整个教学准备、实施和评估过程中应该保持延续。预见分析是上一次课后分析的延续，课后分析是下一次课前分析的基础。这是一个周期性的过程。如此循环往复，学情成为一个被反复检验、矫正、接近真实、不断完善的系统。

通过分析学情，教师可以清楚地了解学生的具体特点：前期概念、兴趣、态度、学习能力、认知风格等，对学生的教学更加准确。一些教师根

据学生不同的"已知"情况巧妙地提供各种学习机会，有效地将学生差异转化为课堂教学资源；一些教师针对不同的学生弱点设计不同的教学方法；教师甚至可以根据学生的不同兴趣，设定不同层次的学习目标、过程和评估方法，使他们能够独立选择。

　　但是，研究与实践的整合却出现了问题：不同学生学情的独特性使得教师无法总结出一般规律，而且记录缺乏多样性，无法对学生的前期经验、认知规律以及学习风格进行合适的量化，对于有些学生的情况无法细化反映。这就需要通过表格对学生个人的前期经验、认知规律以及学习风格进行合适的量化纪录（TT4）。因此，我将美术学科核心素养进行拆解并通过表格化来反映每个学生对于前期经验、认知规律以及学习风格不同的依据。

　　第三个循环如下。

波普尔循环步骤	反思性说明与诠释
FP3： 如何做到在一定时间和精力范围下，对每一个同学进行细致的分析	1. 这个问题的本质是如何在有限条件下做到分层教学的良好效果。 2. 学生是课堂的主体，一切教学活动都是围绕这一主体的主动参与学习展开的，只有当教师充分了解自己的学生，对学生进行学习前的各种情况分析，才能有效地利用学生的最近发展区完成各项学习活动。在有限的时间内，了解每个学生的前期经验、认知规律以及学习风格是很重要的问题
TT3： 将调查的过程集中于平时的课堂当中，并进行随堂记录，以便在下一次新课时可以更好地去了解学生的具体学习情况	1. 了解学生的途径很多，其中特别重要的一条是在课堂上观察学生的平时表现，这不需要在课下做太多的调查工作。 2. 教师把课堂观察作为学情分析的途径，可以减少教师的分析时间，并使课堂观察成为教师教研生活中一种必不可缺的习惯
EE3： 记录缺乏多样性，无法对学生的前期经验、认知规律以及学习风格进行合适的量化	1. 能够简单地反映出学生的学习习惯和学习效果，对课堂的分层学习有一定的帮助。 2. 课堂的观察缺乏多样性，对学生的情况没有进行分类的量化，对于有些学生的情况无法细化反映

第四循环（P4）：如何通过表格对学生个人的前期经验、认知规律以及学习风格进行精简的合适的量化记录

20 世纪末，面对即将来临的 21 世纪，许多国家都在思考如何改革教育以培养能够面对新世纪挑战的人才。由那时迄今，国际教育改革的趋势是重视学生核心素养的培养，帮助他们在全球化和信息化的时代背景下，适应未来社会的要求，促进终身学习和发展。为此，许多国家和地区在进行新的基础教育改革，更新课程观念，变革学习方式，改变评价策略和方法。

"核心素养"这一概念来源于 1997 年经济合作与发展组织发起的"核心素养的界定与选择：理论和概念基础"项目，由此启动了 21 世纪核心素养框架的研制工作。在其语境下，素养被界定为："不只是知识与技能。它还是在特定情境中，通过利用和调动心理社会资源（包括技能和态度），以满足复杂需要的能力。"

为了与学科更紧密地联系，中国学者又独创了"学科核心素养"的概念，进一步丰富了核心素养的概念体系。学科核心素养被界定为："个体在面对复杂的、不确定的现实生活情境时，能够综合运用特定学习方式下所孕育出来的（跨）学科观念、思维模式和探究技能，以及结构化的（跨）学科知识和技能，分析情境、提出问题、解决问题、交流结果过程中表现出来的综合品质。"

图像识读指对美术作品、图形、影像及其他视觉符号的观看、识别和解读。图像识读既涉及艺术图像识读，也包括生活和工作图像的识读，从而体现出公民美术素养的社会性。具有图像识读素养的人，能以联系、比较的方法进行整体观看，感受图像的造型、色彩、材质、肌理和空间等形式特征；能以阅读、搜索、思考和讨论等方式，识别与解读图像的内涵和意义；能从维度、材料、技法、风格及发展脉络等方面识别图像的类别；知道图像在学习、生活和工作中的作用与价值，辨析和解读现实生活中的

视觉文化现象和信息。美术表现指运用传统与现代媒材、技术和美术语言创造视觉形象，其中既包括艺术性创作，也包括生活和工作中的描绘、制作等行为。具有美术表现素养的人，有着一定的空间意识和造型意识；了解并能运用传统与现代媒材、技术，结合美术语言，通过观察、想象、构思、表现等过程，创造有意味的视觉形象，表达自己的意图、思想和情感；能联系现实生活，结合其他学科知识，自觉运用美术表现能力，解决学习、生活和工作中的问题。审美判断指对美术作品和现实中的审美对象进行感知、评价、判断与表达。具有审美判断素养的人，能感受和认识美的独特性和多样性，形成基本的审美能力，显示健康的审美趣味；能用形式美原理和其他知识对自然、生活和艺术中的审美对象进行感知、描述、分析、评价和判断；能通过语言、文字和图像等方式表达自己的审美感受，用美术的方式美化生活和环境。创意实践指在美术活动中的创新意识、创意思维和创造方法。具有创意实践素养的人，能养成创新意识，学习和借鉴美术作品中的创意和方法，运用形象思维，大胆想象，尝试创作有创意的美术作品；能通过各种方式搜集信息，进行分析、思考和探究，联系现实生活，对物品和环境进行符合实用功能与审美要求的创意构想，并通过草图、模型等予以呈现，与他人交流，不断加以改进和优化。文化理解指从文化的角度观察和理解美术作品、美术现象和观念。具有文化理解素养的人，能逐渐形成从文化的角度观察和理解美术作品、美术现象和观念的习惯，了解美术与文化的关系；能认识中华优秀传统美术的文化内涵及其独特艺术魅力，形成对中华文化的认同感；理解不同国家、地区、民族和时代的美术作品所体现的文化多样性，欣赏外国优秀的美术作品；尊重艺术家、设计师和手工艺者的创造成果和对人类文化的贡献。虽然这些学科素养基于美术学科，但能解决美术和跨学科的现实问题，沉淀为必备品格和关键能力，对应并贡献于人的核心素养的形成。

　　图像识读、美术表现、审美判断、创意实践和文化理解五大核心素养之间的关系可以用奥运五环图加以说明。图像识读和美术表现是美术学科的"本位"，其他学科不会也不可能将此作为自己的核心素养。审美判断、创意实践和文化理解是学科核心素养，并非美术学科之独有，而是覆盖其他学科。音乐、语文，甚至体育、数学等学科也涉及审美方面的素养。几乎所有学科都要培养学生的创意或者创造力。文化理解也已经被一些学科列为"核心素养"，如语文的"文化理解与传承"、音乐的"音乐文化理解"。这表明美术学科提出的这三个学科核心素养，是与其他一些学科共享的。既然如此，为什么美术学科还要将其当作自己的学科核心素养呢？这是因为在美术课程中，这三个核心素养是通过美术学科的立科之本——"视觉形象"生发出来的，与从声音、文字或动作等生发源相比，它们具有自己的独特性或自身独有的通道。依据这一理解，我们还可以在"五环"的下面添加一个圆环，构成一个六个环组成的倒三角形。这样，最下面这个环即成为我们思考问题的逻辑起点——通过对视觉形象进行欣赏、理解和解读，并运用传统和现代媒材与技法创造视觉形象，指向学科的两个基本素养。进而在这一过程中发展学生的审美判断、创意实践和文化理解三个衍生素养。两个基本素养和三个衍生素养共同构成了美术学科的核心素养。

因此我设计了美术学科素养评价方案，来替代平常的记分册对学生的美术课堂实践进行评价，并且从学生的实际情况出发，由图像识读、美术表现、审美判断、创意实践、文化理解等多方面的评价体系，全方位地综合评价学生的整体美术素养。对学生个人的前期经验、认知规律以及学习风格进行精简的合适的量化纪录。

实践过程中，依据学科素养能够较好地反映每个学生对于前期经验、认知规律以及学习风格的情况，由此教师对学生的学情进行分析，分层教学，使学生得到更好的发展和不同的个性提高。但学生课堂作品上的个性提高的参考点对于学生整体的个性发展过于单一。所以我将问题侧重转移到学生课堂上的个性化表现，打造美术学科特有的开放式的生本教育课堂。师生互动多，课堂气氛活跃，能调动同学们的积极性，提高学生思维品质，以此提高学生全方位的多元化个性发展。

第四个循环如下。

波普尔循环步骤	反思性说明与诠释
P4： 如何通过表格对学生个人的前期经验、认知规律以及学习风格进行精简的合适的量化记录	课堂上的表格记录能够一定程度上反映学生的学习习惯和学习效果，但缺乏灵活性，对学生的情况无法进行量化和细化，无法为分层教学的实施提供每一位同学的详细情况
TT4： 将美术学科核心素养进行拆解并进行表格化来反映每个学生对于前期经验、认知规律以及学习风格不同情况的依据	1. 美术学科的五个核心素养：图像识读、美术表现、审美态度、创新能力、文化理解。 2. 核心素养是三维目标的深化、具体化，更加方便教师对学生的具体情况进行采集，也因此可以作为学生前期经验、认知规律以及学习风格不同情况的依据，为分层教学服务。 3. 将美术学科核心素养进行拆解并进行表格化，一方面使学生的具体情况得到更加细化地反映，另一方面教师记录起来比较简单
EE4： 学生课堂作品上的个性提高的参考点对于学生整体的个性发展过于单一	1. 依据学科素养能够较好地反映每个学生对于前期经验、认知规律以及学习风格的情况，由此教师对学生的学情进行分析，分层教学，使学生得到更好的发展和不同的个性提高。 2. 学生作业发展技能的同时又发展了个性。 3. 将问题侧重于学生课堂上的个性化表现。 4. 打造美术学科特有的开放式的生本教育课堂。师生互动多，课堂气氛活跃，能调动同学们的积极性，提高学生思维品质，以此提高学生全方位的多元化个性发展

第五循环（P5）：如何打造美术学科的开放式的生本教育课堂

生本课堂最早由生本教育创始人、华南师范大学教授郭思乐提出。由于实践生本教育理念的学校对其有各自不同的理解，因而在实践路径上也有所不同。例如，山西省原平市实验中学在实践生本教育的过程中，结合自身实际提出"所谓生本课堂就是依托生命的本能，为学生好学而设计的课堂"；其基本特点是：高效（Highperformance）＋健康（Healthy）＋快乐（Happy）；其基本理念是："一切为了学生、高度尊重学生、全面依靠学生"。

从根本上来说，教育是为了激扬生命而不是压抑生命。课堂应该是生命的殿堂，在课堂上，学生因成功而受到激励和鼓舞，从而激发其生命蓬勃向上。由此，教师应该在课堂上为学生搭建发展的平台，创造机会，真诚欣赏每一个学生。教育的最终目的是促进学生健康发展。教育的根本目标是培养一个好公民。生本课堂应该是以学生为主体，高扬学生的主动性、自主性和创造性的课堂，是遵循人的成长规律，使学生的学习活动走向健康的课堂，是高效率地学习、能激发学生强烈学习兴趣的课堂。

生本课堂是依托学生生命的本能开展教学的课堂。"儿童从出生之时，就像新的电子计算机携带了本机程序一样，拥有了语言的、思维的、学习的、创造的本能（如归纳能力是先天就有的）。依托这样的本能，就可以把主要依靠教师教转变为主要依靠学生学，从而带来教育的巨大变化。"

生本课堂是为学生好学而设计的课堂。如果说师本课堂是以教师好教而设计的课堂，那么，生本课堂就是为学生好学而设计的课堂。而只有当教学为了学生好学而设计时，学生才能真正被称为学习的主体，以学生发展为本的教育理念才能得以真正落实。

生本课堂是符合学习活动规律的课堂。学习活动规律包括个体学习活动规律和群体学习活动规律。过去对个体学习活动规律运用得比较多，对群体学习活动规律研究和运用不够。格根的社会建构主义宣称，"学习是发生于人们之间的，因此具有社会性；社会交往可以促进学习。没有社会交往，一个人就无法学习，也无法得到好的发展；所有的学习都是情境性的，即它在某个具有社会和人际交往特性的情境中发生，通过与学习者们的互动，成为学习不可或缺的一部分。如果学习者在互动中投入更多的活动和责任，学习的可能性就会越大"。

因此，尊重学生、相信学生，从学生本位出发回归发展的原点，已成美术课堂个性发展的必然。发挥生命个性，突出学习自主，是生本课堂的显著特征。教学的最终目的也在于此，使学生的美术天性得以张扬释放。

在每节课教学之前，结合教学内容根据学生的年龄特点，学生的学习主动性、自觉性特点，布置相关的前置性小任务。为了让学生真正做好课前准备的学习任务，激发学生的课外求知欲，教师在布置课前准备的问题上，必须力求内容的明确性、层次性与生活性，否则，很难真正调动学生积极地做好课前准备。学生根据要求结合所学习的新知识，通过网络、书本、家长等去了解大量的相关知识和信息，整理资料、自觉预习并记录预习成果，准备好相关美术学具。这样就可以让每个孩子带着有准备的头脑进入课堂、进行学习，它可以让课内的学习更深入具体，课堂交流也更宽泛。优质的前置性作业为学生的课堂学习打下一定的基础，从而更好地为学生的学服务。它给学生的课堂学习带来很大的帮助，让学生们更自信地进入课堂，并最大限度地体现学生自主学习的能动性。因此，为了让学生在课堂上能有精彩的表现，前置性学习任务的设计是课堂教学的关键，旨在引发每个学生思维，释放每个学生的潜能。教师要根据教学内容、学生的认知规律和实际情况，抓住学生思维活动的特点，为学生提供有研究价值又能激发学习兴趣的前置性作业。由于前置性作业具体且"少而精"，符合学生"接受并喜欢"的心理，这样就不会成为学生的负担，反而激发了学生的学习兴趣。由于学生是有准备地来上课，课堂上的发挥更是游刃有余，也激发了他们学习兴趣。本课中学生对知识的理解远远地超越了教材，重要的是学生获取知识的过程是多种多样的，可谓是课堂上的一切精彩源自学生课前充分的预习和准备，学生的突出表现，让课堂充满活力，更加精彩。

　　科学的前置性作业，使得课内研究的深度与广度得到进一步拓展，也提高了学生的参与度。课前准备培养了学生的学习主动性、独立性和个性化，从而为达到课标里所提到的教育教学要求，提供了一个非常大的空间。因为课前准备是在课堂以外的时间和空间里进行的，它有两大特点：自由性和体验性。自由性体现在：一是学生心灵的自由性；二是学习的时空的自由性。生活是艺术创作的源泉，学生根据学习的要求，可以在课前进行充分观察、感受、体验生活中的一切。正因为这两大特性，课前准备这个学习环节，对培养和促进学生综合素质，特别是让学生养成自主探究，创新性和独立性学习，起了不可忽视的作用。而且，学生只有充分做好美术课前准备，才能在课堂上获得上新课的主动权，学习才会轻松，并最终让自己养成勤于动脑动手的良好学习习惯。好的课前预习不仅提高了课堂效率，增强了学生学习的兴趣，更重要的是让学生主动参与教学，调动学生学习的主动性和积极性。这才是生命的课堂、平等的课堂，学生主动去思考、主动去探究，并主动地投入到学习中去，且享受学习的那份快乐。

　　课堂氛围是指课堂活动中师生相互交流所表现出来的相对稳定的知觉、注意、情感、意志、定势和思维等心理状态。课堂氛围可以分为积极的、消极的和对抗的三种类型，不同的课堂氛围产生的效果是截然不同的。积极的课堂氛围是师生双方都有饱满的热情，学生注意力集中，认真思考，踊跃发言，使得课堂变得有趣，学生愿学乐学；消极的课堂氛围会使学生的注意力分散、小动作频繁，这样学生学习的积极性相对来说比较低，课堂效果不是很理想；对抗的课堂氛围是指老师无法控制课堂的纪律，不得不停止讲课维持秩序，就会使教学任务无法完成，学生在学习过程中也会各行其是。良好的课堂气氛的形成有多种因素，但起主导作用的是教师对学生真诚的爱和正确的情感示范。良好的课堂气氛的基本标准就是和教学内容相协调，和儿童的情感认识相一致。

　　创设良好的课堂气氛，培植儿童的良好情感，要发挥学生主动参与的积极性，让他们在学习中融进自己的思想情感，创造新的形象来。生本教育的关键是，在课堂上教师与学生是互动的，学生能获得与教师平等对话的权力，教师要充分尊重学生，尊重学生的个性差异、尊重学生的劳动、尊重学生的成绩。平等对待每一个学生，激发他们的学习兴趣，增强他们的自信心，是打开学生心灵的钥匙，也是搭建师生沟通的桥梁。

生本课堂就是以学生为主体，让学生主动、自主学习的课堂。教师可以引导学生把自己先学中遇到的困惑带到课堂，上课时通过小组交流，全班汇报的步骤，把讲台让给学生，提供一个舞台让学生登台亮相。学生4～6人组成学习小组，通过课堂上的小组合作学习后，以小组为单位站到讲台上展示自己小组的学习成果。而教师置身于学生之中，参与讨论、研究，在倾听的基础上引导点拨，让小组合作学习落到实处，使学生获得的知识基本上是由学生自己探究得来，再由学生传授给学生。老师讲解比较少，对学生不易理解的知识，老师才做适当的讲解，而老师的"无为"，却造就了课堂上的精彩。

教学最重要的任务就是完成教育所赋予的责任，实现学生的发展。培养全面发展"人"的任务，从生本基础出发，一切为了学生的发展。在美术课堂上能否满足学生自我实现、自我提高的教学需要，教师在教学过程的设计上，教学内容取舍与方法的运用上，显得尤为重要。如能体现学生发展，提高学生认知，培养积极情感、良好态度，达到有效学习，那么教师实施的教学就是有价值、有意义的。生本教学是以生为本的教学，让每一个学生找到自身的发展点，不断探求。教师应让学生体验学习的成功，学生的学习潜能得到充分地发挥，个性和创造力都能健康地得到发展，为学生提供实践和体验的途径，引导学生学会学习。因此，创设适合学生发展的美术生本课堂，让学生体会学习的快乐和成功，让教学真正成为生命的课堂。

生本教育的课堂中"讨论"是常规，学习的过程主要是以学生的讨论为主，学习中的诸多问题是学生在讨论、合作、探究中解决的，学习的讨论是以学习小组的形式完成的。但在讨论中，通过仔细观察，我发现，大多数学生都显得较为活跃和积极，而不爱发言的同学的参与度很低。

第五个循环如下。

波普尔循环步骤	反思性说明与诠释
P5： 如何打造美术学科的开放式的生本教育课堂	1. 打造美术学科特有的开放式的生本教育课堂，总结行之有效的方法，以此提高学生全方位的多元化个性发展
TT5： 设置探究式教学，让学生自己通过阅读、观察、实验、思考、讨论、听讲等途径去主动探究	1. 通过设置探究式教学，以学生为主体，让学生自觉地、主动地探索，掌握认识和解决问题的方法和步骤，研究客观事物的属性，发现事物发展的起因和事物内部的联系，从中找出规律，形成概念，建立自己的认知模型和学习方法架构。突出学生多元的个性化发展。 2. 在探究式教学的过程中，学生的主体地位、主动能力都得到了加强。师生互动多，课堂气氛活跃，能调动同学们的积极性，提高学生思维品质，以此提高学生全方位的多元化个性发展
EE5： 1. 教学很难按计划实施； 2. 讨论过程中多数同学参与度高，但少数学生参与意识差。少数学生似乎是脱离课堂，他们极少发表个人见解，甚至不发表意见	1. 课堂师生互动热烈。 2. 生本教育的课堂中"讨论"是常规，学习的过程主要是以学生的讨论为主，学习中的诸多问题是学生在讨论、合作、探究中解决的，学习的讨论是以学习小组的形式完成的。但在讨论中，通过仔细观察发现，多数学生都显得较为活跃和积极，而不爱发言的同学参与度很低。 3. 分析不爱发言同学的原因，对症下药

第六循环（P6）：如何做到参与度低的同学能够积极参与到阅读、观察、实验、思考、讨论、听讲等途径的学习探究中

学生主动参与的实现，需要其自身发展具备一定条件，其中一个主要条件是学生的主体参与意识的发展水平。而主体参与意识的最终形成又以人的自我意识发展水平、理性思维能力等为制约条件。有些学生，这些条件尚未成熟，还处在自我主动参与意识的感性理解阶段。这就要求教师对

如何实现学生的主动参与性进行特殊研究。

如何做到参与度低的同学能够积极参与到阅读、观察、实验、思考、讨论、听讲等途径的学习探究中是下一轮波普尔循环的问题。对于这样的学生，教师首先要表现出稳定乐观的情绪和高度的耐心、爱心和细心。学生在课堂中学习知识，掌握技能本来难度就较大，很多知识往往需要老师反复讲解，学生多次练习才能明白。如果没有恰当的沟通方式，他们对老师讲解的内容更难理解，也更难表达自己在学习中存在的问题，学习的困难就更大、学习的效果就更差。此外，实践能力差的学生，可能开始会听老师讲，但到动手绘画的时候，消极等待，坐在那发愣，看别人画。有的学生每一节课的作业，几乎千篇一律，做出的作品不论好坏，都不会影响老师和同学对自己的看法，特别是做得不好时也不会受到批评。对于这样的学生，只要能积极参与，就要给予适当的表扬，尽可能地带动他们参与课堂学习，即使失败时，教师应及时给予帮助和鼓励，给学生改正错误的机会。

各种各样的事物都可以成为强化物，一个微笑的眼神、一个爱抚的动作，都会给学生产生信任感，发挥出激励效应。对于不爱参与课堂的学生来说，没有比老师给予自己喜欢的强化物更能让自己欢欣鼓舞的了。学生个体千差万别，对强化物的选择也是在具体的教育活动中应该注意的问题，物质的奖励和精神的奖励要并用，强化要及时，要有针对性。有的学生喜欢被表扬，有的学生喜欢作业本上被老师添加五星、太阳、笑脸等等，所以强化应该根据学生情况进行变换。随着学生年龄、理解力等因素的变化，强化的方式也要随之变换。

另外，老师如果能注意观察，抓住课堂契机，针对不爱参与课堂活动学生的闪光点，创造机会，给学生们表现的机会，让他们展示自己才能的机会，让他们体会到"我能行，我真棒！"，则可以抑其所短、扬其所长，把他们引上学习的正轨。

第六个循环如下。

波普尔循环步骤	反思性说明与诠释
P6： 如何做到参与度低的同学能够积极参与到阅读、观察、实验、思考、讨论、听讲等途径的学习探究中	1. 学生的主体地位、主动能力都得到了加强。学生提高了思维能力，得到了全方位的多元化个性发展。但是每班都会有少数同学参与意识差，没有有效率的主动学习。 2. 学生主动参与的实现，需要其自身发展具备一定条件，其中一个主要条件是学生的主体参与意识的发展水平。而主体参与意识的最终形成又以人的自我意识发展水平、理性思维能力等为制约条件。有些学生，这些条件尚未成熟，还处在自我主动参与意识的感性理解阶段。这就要求教师对如何实现学生的主动参与性进行特殊研究
TT6： 高度耐心、细心，适当表扬，肯定积极态度，针对性强化物奖励	1. 恰当的沟通方式，有助于学生对老师讲解的内容更容易理解，也更容易表达自己在学习中存在的问题，使学生学习的困难减小，学习的效果更好。 2. 只要能积极参与，就给予适当的表扬，尽可能地带动每一个学生参与课堂学习。即使学生失败，教师也应及时给予帮助和鼓励，给学生改正错误的机会。 3. 对于不爱参与课堂的学生来说，没有比老师给予自己喜欢的强化物更能让自己欢欣鼓舞。

三、课例：《快快乐乐扭秧歌》

——基于波普尔循环的研究课教学设计

教学基本信息					
课　　题	快快乐乐扭秧歌				
是否属于单元课程	是	本课设计总课时	2	本课课时	1
是否属于地方课程或校本课程		是			
学　　科	美术	学　　段	中年级	年　　级	四
班　　级	9	学生人数	47	授课教师	苏浩男
相关领域	造型与表现				
教　　材	人民美术出版社《小学美术》四年级下册				
教学媒体	PPT			设计页数	

续表

教学设计参与人员			
	姓　名	单　位	联系方式
设计者	苏浩男	史家胡同小学	××××××
实施者	苏浩男	史家胡同小学	××××××
指导者	李　阳	史家胡同小学	××××××
课件制作者	苏浩男	史家胡同小学	××××××
其他参与者			

指导思想与理论依据

指导思想：

本课是一节"造型·表现"课。

秧歌是我国北方节庆活动中载歌载舞的一种艺术形式，本课的编写让学生巧妙运用教具，多方法、多感官充分感受扭秧歌儿时身体的动态特点，进而表现扭秧歌时的动态造型，提高他们的造型表现能力。

理论依据：

围绕核心素养，将"知识与技能"转化为素养和能力。选择有利于形成核心素养和获取知识的方式，将知识与技能放在情境中解决问题。培养学生具有整体观看的观念和习惯，观察物体之间的异同关系，感受造型特征；直觉地感受图像表态度、情感；了解图像在学习、生活中的价值和作用；解读现实生活中的视觉文化现象。

美国心理学家、教育学家布鲁纳认为：人是学习的主体，应主动学习。在课堂教学中，认知学习理论强调教师根据学生已有的心理结构，设置恰当的问题情境，激发学生的认知需要，促使学生开展积极主动的探究或实践活动，在解决问题的过程中将新知识纳入自己的认知结构，从而使认知结构获得发展。

教学背景分析

教学内容：

了解秧歌文化，体会扭秧歌时的热闹场面。通过学习运用"鸡蛋人"的组合表现扭秧歌的人物动态。运用基本形表现一幅扭秧歌的创作画。

学生情况：

学生喜欢画人物，但是不太会画人物的各种姿态。在三年级下册《庙会》《我们在游乐园里》中，我们就用体验、模仿的形式学习绘画人物的姿态。目前班上有 1/4 的学生能画出人物的一般动态，画面布局合理，想象力丰富，富有童趣；1/2 的学生能画出简单的人物动态，但是缺乏方法，姿态过于死板，因未理解人物关节的概念，以至于没有体现出正确的人物扭动姿态。学习兴趣方面，学生对美术的学习和实践普遍比较有兴趣，但实践的时候又没有耐心或者主观性太强，容易导致画面过于简单或者整体不够协调。

续表

教学方式：

基于学生的实际情况，本课教学首先用拼摆"早餐组合"的形式激发同学的学习热情和探索精神，通过欣赏、讨论、体验扭秧歌、教师示范，使学生了解人物动态的整体特征、结构及细节特点，研究实践勾线表现人物动态的方法和步骤。教师指导学生写生创作，通过实际的观察体验和老师的指导，一步步把复杂的内容按照分解的各个环节来完成。

展示作品部分，通过自评和互评的形式，提高学生的欣赏和分析作品的能力，进而提高自己的写生创作水平。

技术准备：

多媒体课件、扭秧歌视频（电影《黄土地》节选）。

教师准备：

多媒体课件、"鸡蛋人"教具、秧歌道具（扇子、手绢）、拍立得相机。

学生准备：

勾线笔。

教学目标

知识与技能：

知识：了解秧歌文化，把握秧歌夸张舒展的特点，体会扭秧歌时的热闹场面。

通过学习运用"鸡蛋人"的组合方式表现扭秧歌人的人物动态。

技能：运用基本形表现一幅扭秧歌的创作画。

过程与方法：

通过拼摆"鸡蛋人"、观察、体验、感受，解决人物的动态问题。

情感、态度价值观：

了解秧歌文化，体会如何运用基本形组合方式，表现扭秧歌的热闹场面，培养学生热爱生活的情感。

重点：了解秧歌文化，学习基本形组合方法在人物动态中的运用。

难点：对人物动态与关节的理解及画面组织安排。

教学过程					
教学步骤	教师活动	学生活动	设计意图	媒体应用	时间
导入新课	1. 展示教具：老师吃早餐时奇妙地发现鸡蛋和香肠可以用来拼接成人物的形态；教师找出站立姿态的剪影作为参考。老师请同学们	观察教具，想象如何运用简单的鸡蛋和香肠来拼摆出人形，并小组讨论，合作探究，大胆实践。	感受基本形与人形之间的组合关系。游戏调动积极性。		

教学步骤	教师活动	学生活动	设计意图	媒体应用	时间
	试着小组合作，探究如何拼摆，并同时请一个同学上台进行拼摆。 2. 出示扭秧歌动态剪影图片。 老师要给大家提升难度，这个人物发生了什么变化？你能拼摆出这个人的动态吗？老师请一个同学上台进行拼摆（边摆边解释），请其他同学给他拼摆出的任务动态提一些调整的建议。 3. 提问：你们知道这个人在干什么吗？出示带色彩的完整照片。 板书："快快乐乐扭秧歌"	 思考人物剪影发生了什么变化，以及鸡蛋和香肠的组合如何表现出人物的动态。并对台前拼摆的同学进行一些调整的建议。 	感受基本形与人物动态之间的组合关系。		

续表

教学步骤	教师活动	学生活动	设计意图	媒体应用	时间
讲授新知	1. 提问：关于秧歌，你知道哪些呢？ 要点： （1）什么是秧歌？ 秧歌是中国人喜闻乐见的一种广泛流传的民间舞蹈，源于插秧耕地的劳动生活与祭祀农神祈求丰收所唱的颂歌。 （2）你在哪里见过秧歌？ 秧歌最早主要于农历正月十五元宵节在广场上进行表演，现在已经成为人们喜闻乐见的健身方式和舞台艺术形式。 （3）为什么扭秧歌？ 是过年的一种习俗，也是人们庆祝的娱乐活动。 秧歌是我国重要的非物质文化遗产。 2. 播放秧歌视频（《黄土地》片断）提问，秧歌的气氛是怎样的？	学生回答：跳舞、扭秧歌。 回忆生活中的秧歌情景，了解秧歌文化。 学生观察秧歌视频，总结秧歌气氛的特点是热闹、喜庆的。观察图片，总结出秧歌的动作是夸张、舒展的。 	了解秧歌文化，激发学习兴趣。 感受秧歌的热闹场面。 体会秧歌动态、夸张、舒展的特点。		

教学步骤	教师活动	学生活动	设计意图	媒体应用	时间
	3. 小组探究：请你说说扭秧歌的动态是什么感觉的？ 答：动作夸张、肢体舒展。 4. 介绍扭秧歌所需道具（扇子、手绢、伞、腰鼓……），邀请学生上台前跟着音乐跳一跳，也可以根据图片摆造型。 教师用相机拍下照片说一说哪个关节扭动了？	 观察、模仿。 	通过模仿扭秧歌的动态，进一步明确"热闹""喜庆"的秧歌气氛和"夸张""舒展"的秧歌动作。		

续表

教学步骤	教师活动	学生活动	设计意图	媒体应用	时间
	提问：扭秧歌最关键的是什么？突出扭的动态和快乐的舞蹈气氛。（完成板书） 5. 教师示范。投影展示学生模仿照片，拼摆出学生扭秧歌的造型，对照片进行示范。 "掌握这种方法后，你还可以画出更多不同造型的扭秧歌的人。"（在黑板上粘贴老师提前画好的不同姿态扭秧歌的人）	 回答：头、腰、肘、膝盖。 回答：扭。 仔细观察，体会"鸡蛋人"组合表现人物动态方法。 	解决教学重点，为艺术实践做好铺垫。 吸引学生兴趣，为艺术实践做准备。		

续表

教学步骤	教师活动	学生活动	设计意图	媒体应用	时间
运用知识 实践创新	1. 实践要求。 拼一拼摆一摆，用勾线笔线描的方式在纸上画出 3～4 个扭秧歌的人，注意扭的动态和热闹的气氛。 教师展示扭秧歌组合的范画。	学生创作。	引导学生结合所学知识进行实践。		
评价交流	2. 教师辅导。 请学生来到台前展示。教师引导进行自评和他评：看看谁画的夸张、舒展？最满意自己画的哪一点？谁的画面组织安排得最好？	欣赏同学作品。 依据所学知识，交流感受，说一说自己喜欢的作品的理由。	培养评析能力和表达能力，增强自信心，巩固教学重点。		
拓展延伸	出示动态图片，引导学生运用"鸡蛋人"画出不同的动态。	观看图片。	引导学生进行下一节课的学习，为下一节课相关知识做铺垫。		

板式设计

续表

本教学设计与以往或其他教学设计相比的特点

1. 围绕核心素养，将"知识与技能"转化为素养和能力。

选择有利于形成核心素养和获取知识的方式，将知识与技能放在情境中解决问题。培养学生具有整体观看的观念和习惯，观察物体之间的异同关系，感受造型特征；直觉地感受图像表态度、情感；了解图像在学习、生活中的价值和作用；解读现实生活中的视觉文化现象。

2. 实现多学科交叉运用，打破传统分科课程的知识领域。

一方面通过观察和体验了解秧歌的动作特点，另一方面通过秧歌动作的特点使学生更加深刻地掌握人物动态特征。既培养了学生对知识的综合运用能力，又培养了学生对事物的整体认识能力。

3. 生本教学是教师为学生设计和服务的教学。

郭思乐："我们要真正地为学生设计教学，做到心中有生，目中有人。'以生为本'的教学设计，是以学生的兴趣和内在需要为基础，以主动参与为特征，以促进学生发展为目标。"在课堂中通过拼摆"鸡蛋人"的形式激发学生的学习热情和探索精神。通过欣赏、讨论、体验扭秧歌、教师示范，使学生自主地了解扭秧歌夸张、舒展的特点及人物动态的整体特征，使学生真正成为学习的主人。

4. 儿童的游戏活动在教学中的作用。

杜威从他的"活动教学理论"出发，为游戏教学奠定了哲学基础。杜威提倡的活动课程非常重视儿童的游戏活动在教学中的作用。在课堂中通过拼摆、模仿秧歌动态等游戏环节，使学生在整个教学过程中都在主动的学习，课堂气氛融洽，学生在主动探究中欣赏扭秧歌视频、图片，感受到秧歌独特的扭动美感，充分体会扭秧歌在现实生活中与人们的关系；在课堂教学中着力渗透德育的主渠道作用，烘托出的热闹、喜庆气氛和人们在扭秧歌时高兴的心情，充分感受到了美好和丰富多彩的生活。

课后反思

1. 在教师演示环节，示范的人物动态比较单一，导致学生在创作阶段缺乏正面和侧面的对比，且脖子和腰的扭动单一。在演示环节应在扭动的主要关节上用红笔加以标注，学生能更加直观地结合认识创作出更多的动态，做到起笔前就想到动作，这样的设计更具有针对性。

2. 美国心理学家加涅认为："学习的每一个动作，如果要完成，就需要反馈，反馈是学生学习的重要条件。"反馈是指由控制系统把信息输送出去，又把其作用结果返送回来，并对信息的再输出发生影响，起到控制的作用，以达到预定的目的。课堂上虽然学生热情很高，但教师和学生之间的信息传递与反馈的控制过程中课堂教学效果大多是教师的输出，提问多，但有效的美术反馈并不多。所以调控好课堂教学过程，使教与学处于优化、平衡的状态，是有效教学的必要条件和基本保证。实现这一调控的方法就是反馈。

3. 秧歌是中国广泛流传的一种极具群众性和代表性的民间舞蹈，不同地区有不同称谓和风格样式，是我国重要的非物质文化遗产。在视频的选取上，可以更加多样一点，除去体现秧歌欢闹热烈的气氛，还应该突出秧歌舒展的动态特点。

四、总　结

艺术的独特性和创新一直是不可分割的。艺术风格的发展始终伴随着不断的突破和创新。"克隆"技术在自然科学中的出现是一个突破，但艺术领域的克隆意味着个性的丧失。艺术充满了强烈的人文性和独特性。艺术活动是情感与理性的结合，是创造力与实践能力的结合。艺术活动是手、脑和心的组合。艺术作品同样流露和揭示了人们的潜意识，也是人的心理品质的外部行为表现。

从心理学的角度来看，儿童画和其他美术活动都属于游戏。它们是孩子表达自己感受和表情的一种方式，反映了孩子们对周围现实生活、情感、想法和经历的理解。他们的创作没有创造性的目的或创造动机，但他们在创作过程中以一种简单而热情的激情获得了很多快乐。很明显，孩子们的绘画活动是按照他们的意志行事的。由于美术这一特点，美术学科在促进个体发展方面是其他学科无法比拟的。加强美术学习中的人格培养也是独一无二的。美术教育作为一种手段，对于促进个体人格的发展有着非常重要的意义。

学校的美术教育中要注意尊重和保护学生的艺术个性，并把个性差异当作艺术教育的资源来开发。这就要求教师在美术教学过程中引导学生形成社会共同的价值观的同时，也要努力保护和发展学生的个性。顺应学生的身心发展特点，因势利导，激发他们的想象力与创造力。

在波普尔循环中，"P"表示问题，"TT"表示试探性解决办法，"EE"表示排除错误。但是这个序列不是简单循环的，新产生的问题与原来的问题不同，图示为 P1→TT→EE→P2，它表示科学知识增长的过程：首先科学的发展源于问题的提出，此后为解答问题而提出理论，所有理论都是试探性的，都只是一种猜测；把批判性讨论或排除错误用之于它，其结果通常会突显出新问题，新问题较之旧问题往往有更大的深度，而正是这种深度的差别体现了理论或科学知识的进步和增长。在四段图式中，第二段和第三段是核心，体现了知识进化中猜测与反驳的辩证关系。

目前中国教育还存在诸多问题，十九大报告指出，建设教育强国是中华民族伟大复兴的基础工程，必须把教育事业放在优先位置。把教育事业与民族复兴紧密联系在一起，强调教育事业优先发展，这是对教育的特殊定位，充分体现了我们党对教育的高度重视与关怀。针对当前存在的问题进行大胆的猜测，敢于建立相应的理论解释，然后对这些理论进行辩证的分析和批判，发现其中的错误之处，进而"选择"新的更为合理的理论，这样科学的方法对于教育科学向更加先进、合理的方向发展起到非常关键和重要的作用。

语文课堂中所有学生的专注与绽放探索[①]

——波普尔循环在小学语文教学中的应用

一、行动研究的缘起

（一）史家教育集团的育人目标

史家教育集团以"和谐"为起点，以培养"和谐的人"为目标。基于内部突破，致力于形成"五大和谐支柱""五大基本意识"和"五大基础能力"，从而夯实基础教育的基础；基于外部打破，致力于形成包括优质的课程、优质的项目、优质的教师、优质的资源、优质的机制在内的"五大优质"，为每一粒种子的生长内蕴优质的教育生态。以此为思维与行动的坐标，从"和谐"到"和谐的人"，史家教育体系犹如一粒鲜活饱满的种子，深深植根于每一个孩子的幼小心灵中，伴其一生，惠其一生。

我们关注的是每一个孩子的成长，希望在每一节课上看到每一个孩子的专注与绽放，这也是每一个史家教师为之努力的目标。

---

① 本专题作者与承担任务为：王静（缘起部分，最后结语部分及教案，整体统筹）；蔡琳（循环在10%综合实践里的使用）；李梦裙、满文丽（循环在80%国家课程中的使用）；高江丽（收获与思考）。

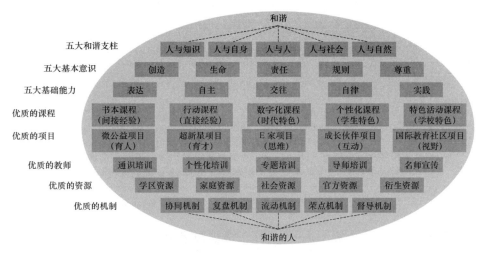

图1 史家教育集团育人目标框架图

（二）学生语文能力发展及课堂现状调查

表1　　　　　　　　　　史家教育集团学生课堂表现 AB 评价表

一级指标	二级指标	三级指标	评价内容	课堂观察后记
专　注	思　维	积极思考	主动提问＋敏捷应答＋踊跃讨论	
		精力集中	专心听讲＋深入思考＋规范操作	
	思　维	主动参与	交流讨论＋积极体验＋自主探究	
		持久发展	寓学于趣＋动力递增＋转趣成志	
绽　放	创　意	想象丰富	着眼变化＋多向关联＋触类旁通	
		形式多样	角度新颖＋材料新鲜＋结论新特	
	表　达	自然大方	叙述清晰＋声音洪亮＋各抒己见	
		表情达意	感情丰富＋主题明确＋言简意赅	
备　注	根据学生表现在"评价内容"的呈现点上画"√"或者"?"，在观察后记中进行针对性说明建议。			
学生主动学习情况记录				

	1	2	3	4	5	6	7	8
1	(1, 1)	(2, 1)	(3, 1)	(4, 1)	(5, 1)	(6, 1)	(7, 1)	(8, 1)
2	(1, 2)	(2, 2)	(3, 2)	(4, 2)	(5, 2)	(6, 2)	(7, 2)	(8, 2)

续表

	1	2	3	4	5	6	7	8
3	(1, 3)	(2, 3)	(3, 3)	(4, 3)	(5, 3)	(6, 3)	(7, 3)	(8, 3)
4	(1, 4)	(2, 4)	(3, 4)	(4, 4)	(5, 4)	(6, 4)	(7, 4)	(8, 4)
5	(1, 5)	(2, 5)	(3, 5)	(4, 5)	(5, 5)	(6, 5)	(7, 5)	(8, 5)
6	(1, 6)	(2, 6)	(3, 6)	(4, 6)	(5, 6)	(6, 6)	(7, 6)	(8, 6)
备 注	表格呈现学生位置，如（3，4）表示第3列第4行；学生主动提出问题，在其位置上记录为"↑"；也可以在相应位置上标明学生的具体状况。							

这是我们所使用的课堂观察表，表中呈现了课堂观察的内容及评价的三级指标，我们根据课上每一个孩子的表现做记录。基于100节常态课的观察记录表进行数据统计，结果如图2所示。

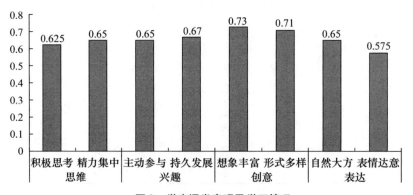

图2　学生课堂表现及学习情况

在访谈和课堂观察中，我们发现学生的表达能力和思维能力在个体之间存在很大的差异。面向所有个体的参与度不够，这与我们的教学方式不无关系。传统讲授式的教学，很难做到让所有的学生都有语言实践的机会；学生主动学习不足，与我们的教学内容也有一定关系，教材中的一些内容，有些学生可能不感兴趣。

（三）研究思路

如何实现所有学生在语文课堂上的专注与绽放呢？这是我们一起研究

的五位语文老师共同思考的问题。我们目前分别在低、中、高三个年段教学，这使得我们的研究就有更多的代表性，也许我们形成的经验与策略可以带动整个语文学科教学方式的改革。

这个时候，我们一起进入了教师领导力提升这个项目组，接触到了波普尔循环。在专家的指导与启发下，我们从一开始的无从下手，到找到了小的切入点，先确定了我们整体的研究思路——先在10%的语文综合实践课程中进行策略实验——集体反思、不断调整——形成有效的策略——运用于80%的国家课程——继续实验、反思、调整——形成策略体系。

回首一年的行动研究历程，回望波普尔循环记录，收获颇多。

二、研究历程

（一）10%语文综合实践课程——"读书社"课程中的尝试

1. "读书社"课程框架

为在语文课堂上实现全体学生的专注与绽放，我们通过构建学习共同体，在语文学科内部开设10%综合实践课程。

学习共同体是参考学习日本佐藤学教授的相关理论，学习者通过同他人的合作，同多样的思想碰撞，实现同客体（教材）新的相遇与对话，从而产生并雕琢自己的思想。学习共同体可以实现所有学生的共同参与，在共同体中，可以采取一些更细致的手段，如共同愿景、差异性影响等，对学生产生积极影响。

在语文学科内部开设10%综合实践课程即读书社课程，基于学生自身发展和语文学习的特点，关注学生的个性差异和不同的学习需求，以阅读为载体，以学习共同体为组织形式，以表达为外显内容，指向学生人文底蕴、科学精神、学会学习、实践创新等核心素养的培养。

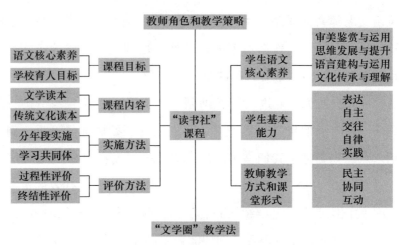

图 3　小学语文"读书社"课程框架图

"读书社"课程以阅读为基础，以表达为目的，课程以"读书·表达"为系列，所选书目分为"文学"系列读本、"传统文化"系列读本，各年级每学期至少选择两本"名家名篇"，旨在学生表达能力的培养、综合语文素养的提升。

2. "读书社"课程目标

表2　　　　　　　　　　小学语文"读书社"课程目标

一年级	学生初步学习合作，培养爱国主义、集体主义思想	
	发展学生语文素养	激发乐趣，熟读成诵
		合理想象，初步体验情感
		认真倾听，培养兴趣，学习表达
		声律启蒙，了解一些成语故事、寓言故事中的哲理
	改变传统阅读教学模式	自愿结组，角色轮换，互动提升
		能够通过讲故事、情景表演、角色日志等形式表达出自己的阅读体会
二年级	学生学习与人合作，发展个性，培养爱国主义思想	
	发展学生语文素养	读出感受，理解词语，熟读积累
		诵读想象，感受语言，初步体验情感
		认真倾听，运用语言，自信表达

续表

二年级	改变传统阅读教学模式	了解中国传统节日的来历及习俗
		自愿结组，角色轮换，互动提升
		能够通过情景表演、角色日志、读书小报等形式表达出自己的阅读体会
三年级	学生学会合作，培养创新品质和积极的人生态度	
	发展学生语文素养	理解词句，把握段落内容
		对作品中的形象有初步评价，能感悟道理，有独特的阅读体验
		学会倾听，能够围绕主题表达清楚
		了解中国童话及传说
	改变传统阅读教学模式	自愿结组，角色轮换、互动提升
		能够通过读书对话、读者剧场、角色日志等形式表达出自己的阅读体会
四年级	培养学生合作与创新品质以及良好的情感、态度、价值观	
	发展学生语文素养	粗知大意，体会关键词句作用，体会思想感情
		积累经典，形成语感，感悟情怀
		学会倾听，把握内容。表达想法，与人商讨
		了解中国民间故事
	改变传统阅读教学模式	自愿结组，角色轮换，互动提升
		能够通过排演小剧、读书报告、角色日志等形式表达出自己的阅读体会
五年级	培养学生合作与创新品质以及良好的情感、态度、价值观	
	发展学生语文素养	了解梗概，描述场景，提取信息，说出感受
		积累美文，理解文意，培养语感，感悟情怀
		丰富见闻，积累素材，沟通交流，言之有情
		通过中国文学名著中呈现的历史故事，了解中国传奇人物的故事
	改变传统阅读教学模式	自愿结组，角色轮换，互动提升
		能够通过演讲、小组辩论、角色日志等形式表达出自己的阅读体会

续表

	培养学生合作与创新品质以及良好的情感、态度、价值观	
六年级	发展学生语文素养	了解表达顺序，领悟表达方法，体会作者情感
		积累运用，诵读品味，增强语感，感悟情怀
		乐于沟通，认真倾听，抓住要点，合理应对，主题突出，言之有理
		初步了解儒学经典中所蕴含的智慧
	改变传统阅读教学模式	自愿结组，角色轮换、互动提升
		能够通过演讲、辩论、书评撰写、角色日志等形式表达出自己的阅读体会

针对学生的年龄特点，按照年级对课程目标进行细化和分解，每个年级目标各有侧重，呈现序列培养。

3. "读书社"课程基本流程及课堂模式

（1）基本流程。

在课堂模式上，课程主要基于"读书社"的形式，以"课下阅读 + 课上表达"的思路，按照"书目选择→角色分配→课下阅读→课上小组讨论→课后反思→汇报总结"的基本流程展开，每本书 5 ~ 6 课时。

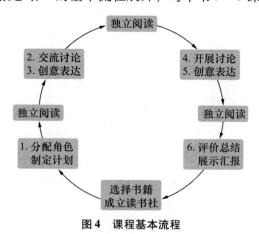

图 4　课程基本流程

（2）交流讨论形式。

在 4 ~ 6 人的"读书社"讨论及创意表达时，每个学生会扮演一种不同的研讨角色，比如社长、小记者、小画家等，每次研讨、展示再扮演一个全新的角色。角色可根据不同的年级、不同的读物有所不同，可自愿选择角色。

4. 波普尔循环的实施

循环1：通过构建学习共同体，在10%的语文学科综合实践课"读书社"中，学生们很有兴趣，都能参与进来，围绕一本书，以"读书社"的形式进行阅读交流。但是，我们也发现，班中仍有个别学生的表现不够积极。

根据我们对专注与绽放的界定，我们再次思考对"积极"的定义后认为，学生参与发言的意愿（即举手次数）不低于当堂课发言机会的80%，应乐于参与讨论，并乐于表达自己的看法。

循环2：那么，如何调动学习共同体中发言次数少的学生更多发言，保证每个学生的参与度？

我们决定采取一定的评价机制，制定同伴间的评价表，充分利用共同体中同伴影响的效应，给予学生发言的正面影响。

表3   学生课堂观察评价表（第一版）

	组员1	组员2	……
发言次数			

细化评价机制后，课堂学生的参与度、投入度有所提高。同伴影响效应也有一定效果，但有些学生发言的角度单一，学生发言时模仿他人，自己的想法较少。

循环3：如何改变学生在小组交流中发言角度单一的情况？这成为我们研究的第三个问题。

经讨论，我们从完善同伴间评价机制上入手，加入对发言创新性的评价，比如，在发言中进行多项关联：联系个人生活实际，联系作者背景或同主题的作品内容来支撑自己的观点。

表4　　　　　　　　学生课堂观察评价表（第二版）

	组员1	组员2	……
发言次数			
联系生活实际			
结合作品背景或主题			

下面我以四年级《名家文学读本——小学生丰子恺读本》课堂教学案例为例，来说说"读书社"课程中波普尔循环的实施。

1. 教学目标

（1）能初步把握文章主要内容，体会文章表达的思想感情。能对文中不理解的地方提出疑问。

（2）能联系上下文，理解词句的意思，体会文中关键词句表达情意的作用。

其中第二点，既是教学重点也是教学难点。

2. 课堂实例

《"不喝肉汤"的杨柳》一文阅读中的几个课堂实例。

（1）深入理解关键词句。

在这篇文章中，丰子恺从柳树的外形，柳树的贱而有用，柳树的高而能下、高而不忘本这三个方面层层递进来赞美柳树。

首先是共享读书社的汇报，他们之中，绘画员画了这样一幅画。

他介绍说这是自己结合文章想象的人们在柳树下做着各种各样的事情。首先我们肯定他的想象力，但是我们可以感受到这位绘画员并没有理解丰子恺所要赞美的柳树的品质，所以他的理解层次浅。

于是，我引导其他读书社的同学都来讨论这一篇文章，跟这个组进行对话。文鑫晔桐读书社的仿写员选择了文中描写柳树贱而有用一部分进行仿写。

听人说，土狗是贱的。随便给一点吃的，它也能从一只小狗变成大狗。它不需要高贵的饲料或完美的条件，只要有剩饭和水，便会长得茁壮，毛光油亮和勇猛。贵如犬需要每天打理毛发，藏獒需要吃几公斤的牛肉，许多狗要吃罐头肉，土狗从来不吃罐头，但也能为人们会事，大概是因为这点，人们才说土狗是"贱"的，也许"尊贵"是需要的条件多。需要的条件越多，越好，就是越"尊贵"。而需要的条件多却没有用处，只是美丽的，似乎越尊贵。例如贵如犬比杂种狗贵，是因为贵如犬只是漂亮，而杂种狗却可以看家的原故。土狗不用吃罐头，且能帮人们看家。故单，所以被人们看作是"贱"的。

这个学生在介绍自己的仿写时说，她很喜欢这段描写，明着说杨柳贱，但实际上是在夸杨柳朴实，有用。所以她选择了土狗这种好养活又能看家护院的狗来写。写得虽然不够优美，但我们可以从中看到这个孩子是把握住了作者赞美的杨柳的品质之一。

但是，对于本文表达的中心说得还不够透彻。这时候，他们社的另外一个成员——评论员站起来补充，她是跟白杨做了对比，体会到了作者所写的柳树高而能下、高而不忘本的品质。

曾看过有人赞扬过白杨，它高大笔直，直冲云霄。我们家门口有几棵白杨，有六七层楼那么高，非常美丽。我读了丰子恺笔下的杨柳，体验白杨和杨柳不同的美：
杨柳实在美丽可爱，非赞它一下不可。
杨柳树也有高出墙头的，但我不媒它高，为了它高而能下，为了它高而不忘本。
丰子恺运用拟人来写杨柳，写出了杨柳的品质。

由这个同学所说的，我问学生们是怎么理解"高而能下、高而不忘本"

的？另外一个社的同学联想到钱学森放弃在美国的优厚条件回到当时贫穷落后的祖国研究火箭及导弹的事，来谈对作者所说的"不忘本"的理解。

就这样，在几个读书社的对话中，学生把握住了文章主要内容，体会了作者表达的思想感情。并且联系生活实际，理解了文中关键词句的意思。在文学圈教学模式中完成了与文本的对话、与作者的对话。

通过学生的发言，我们可以看到，许多学生开始进行多项关联：联系个人生活实际，联系作者背景或同主题的作品内容来表达自己的观点。

（二）80%国家课程中的探索

在上一阶段的探索和实践中，我们尝试通过构建学习共同体，在语文学科内部10%综合实践课程（即读书社课程）中实现全体学生的专注与绽放。在上一阶段的研究过程中，我们已经引导学生在读书社课堂实践中构建学习共同体，通过课堂上的师生、生生的多元互动学会倾听和深入学习，缔造高效的生本课堂。

基于上一阶段的研究成果，我们将研究领域扩展到80%的国家课程，即课本课文教学中，力求在波普尔循环研究的推进中，通过不断完善学习共同体在语文课堂上的学习模式，争取实现全体学生在80%的国家课程的课堂学习中能够做到专注和绽放。

1. 基于在10%综合实践课程中的研究成果

在第一阶段的研究过程中，随着波普尔循环的逐步推进，我们通过观察学生在学习共同体中展开的学习实践活动，发现学生所表现出的一些问题。比如，虽然在学习共同体中所有学生都能够参与课堂，但在课堂上仍有个别学生表现不够积极；学生在讨论过程中，虽然能够联系生活实际表达对文本或是作品人物形象的看法，但对同一作者、同一类型作品的了解甚少；课堂上的朗读、发言、评价等，只限于客观陈述，很难做到情感丰富；等等。由此可以看出，学生在多向关联方面只局限于内容，而难以做到情感丰富……对于这些问题，我们在上一阶段的波普尔循环中逐一进行了研究，并在每一次循环中尝试找到行之有效的解决办法，形成了一定的策略。

对于在每个学习共同体中表现不够积极的同学，我们制定了课堂观察表和评价表，使学习共同体内的成员能够进行自评和互评，激发学生对于课堂发言的渴望。同时每次课上，学习者既能评价自己，又能从他人的评价中找到努力的方向。通过预习作业的布置，查找搜集与阅读书籍相关的内容，增进自己对作家、作品、写作背景，甚至相关影视作品的了解，丰富自己在课上交流讨论时的背景知识，促进阅读时主动进行关联，讨论时可以援引更多知识材料，加深对文本的理解。这些策略在对80％国家课程的探索中，也得到了沿用和不断的推进完善。

2. 在80％国家课程中的推进

随着波普尔循环的推进，我们在原有研究的基础上，把观察点放在了"借助课前质疑问题，提升学生课堂参与度，发展学生思维"的问题上。在第一课时初步学习课文的基础上，学生自读自悟，找出自己在读课文的过程中头脑中产生的问题。教师通过课前前测的方式，了解学生的课前质疑情况，从而找到学生学习的"真难点"和"真问题"，找到学生课堂学习的起点，促使"真学习"在我们的课堂上发生，也利用这些学生自己总结出的学习难点吸引学生在课堂上更加专注，更好地展现自己。

在研究课《卖木雕的少年》第二课时的教学中，就进行了这样的尝试。这篇课文是在"国际理解和友好"主题下的一篇精读课文。文章讲述了"我"游览非洲莫西奥图尼亚大瀑布时，在一个摊位上看中一个木雕坐凳，但因自己行李即将超重而不能购买，摊主黑人少年本想把坐凳卖给"我"，但当他听说"我"是中国人后，就制作了一个一模一样的木雕小象墩，送给了"我"。学习这篇课文，感受中非人民的友好情谊是本文学习的难点。而非洲黑人少年这一卖一送之间的转变也成为撬动本课学习的支点，能够开启学生思维。巧合的是,学生在第一课时学习的基础上,也恰恰会对此展开疑问。通过第一课时的学习,学生掌握了字词,了解了课文的主要内容,在此基础上,在进行课前质疑的前测中很多学生质疑道:少年为何会由卖木雕给"我",变为送木雕给"我"?

根据学生课前质疑,教师对学生提出的不同问题进行梳理:

为什么少年要送给"我"一个木雕?

为什么少年开始是想"卖"给我这个木雕,后来又变为"送"?

为什么少年说"中国人是我们的朋友"?

为什么少年听到"我"说自己是中国人时,眼里会流露出一丝遗憾的神情?

少年为什么专门送木雕给"我"?他如何知道"我"的住处?

少年为何送给"我"一个一模一样的木雕小象墩?

……

对学生提出的不同问题进行归纳总结,合并含义相同的问题,并对学生人数进行统计,如图5所示。

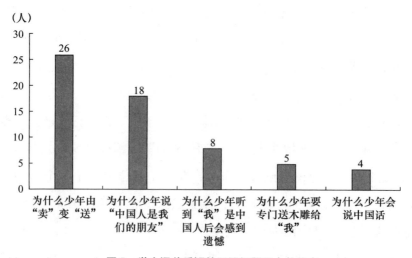

图5 学生课前质疑的不同问题及人数分布

通过教师在课前对学生提出的这些问题进行归纳和梳理后发现，学生关注到了人物的心情、神态，也关注到了文中的情节和情节背后的原因。"为什么少年说'中国人是我们的朋友'"是开启学生本课学习的关键，在梳理中非友谊的过程中，学生可以理解少年由"卖"到"送"的原因，这些正是学习本文的重点和难点。在对学生的质疑进行梳理的过程中，可以发现"中国人与非洲人是朋友"与"少年由卖木雕变为送木雕"这两个问题背后的逻辑关系，中非友谊正是少年送给"我"木雕的主要原因。

通过对前测问题的归类和梳理，舍弃简单的问题，着眼于有效问题展开教学。

（1）延续前期策略手段，基于课前查阅背景资料助力课文理解。

循环4：如何使学生在预习中充分了解作者，丰富对同一作者作品、同类型作品，甚至相关影视作品的了解？

我们让学生尝试在预习作业中加入搜集相关资料的作业内容。新课程理念下的小学语文，强调学生的动手实践能力。因此，在教学中让学生去搜集与课文有关的资料，通过阅读资料，学生对课文内容加深理解，积累更丰富的知识。对于搜集的资料，鼓励学生以读书笔记、读书卡等形式记载下来，形成一笔"财富"。预习在语文教学中发挥着重要作用，它可以让学生对新知识有初步感受和浅层理解，从而更有目的性地进行课堂的学习。搜集资料是语文预习中不可缺少的一部分，它培养学生的自学能力，提升课堂教学的有效性。

在研究课《卖木雕的少年》第二课时的教学中，少年由"卖"到"送"的背后，最主要的原因就是中非之间深厚的友谊。为了突破理解中非友谊这一学习难点，在课前预习的过程中，教师布置了"查阅有关中国与非洲之间友谊的相关资料"的预习作业。学生查阅了中非之间方方面面互帮互助、和谐共进的事实，内容涵盖了中国援助非洲基础设施建设、医疗、教育、经济等多个不同领域，也包含了非洲国家在外交等方面给予中国的支持。比如，有一个学生谈到，自己的父亲曾经作为外交人员，在非洲国家刚果（布）发生战争时，亲自深入当地与我国援非医疗队取得联系，亲身感受中国援非医疗队员与当地非洲人民之间的深厚友谊。通过课前查阅资料和搜集材料，帮助学生理解了中非之间的友谊，并且在学习共同体的交流讨论中做到多向关联，关联自己已有的知识储备，关联个人生活实际。

在课堂上，教师也利用课前查阅的资料进行适时地补充：

1963 年，周总理出访非洲。

中国向非洲 47 个国家派出了 1.6 万名白衣天使，为非洲人民救死扶伤。

为建设坦赞铁路，中国政府提供无息贷款 9.88 亿元人民币，发运各种设备材料近 100 万吨，派遣工程技术人员近 5 万人次。在这项工程中，中方有 64 人为之献出了宝贵生命。

进入 21 世纪，中非通过合作论坛开展了全方位、多领域的合作，建立了长期稳定的合作机制。政治上互尊互信、经济上互利互惠、文化上互学互鉴、外交上互帮互助、安全上相互支持……

教师补充的资料梳理出了中非友好关系体现在方方面面的领域中，更利于学生理解非洲人民与中国人民之间的深厚情谊。

学生课前搜集资料有利于培养和提高自主学习的能力，有利于提高听课的效率，有利于扭转学生被动学习的局面。教师进行材料的补充，使学生的认知达到新的高度。

但随着研究的推进，我们发现，学生基于课下查阅的资料在表达中能够进行多项关联，但有的学生注重展示自己查到的资料，表达不具有情感。于是在循环 5 中，我们加强了对学生课堂上朗读的要求和指导，并在循环 7 中细化了对学生课堂表现的评价标准。

循环 5：加强对"朗读者"角色的朗读指导，教师在课堂上引导学生更多表达自己的感受。

	组员1	组员2	……
发言次数			
联系生活实际			
结合作品背景或主题			
最佳朗读者			

循环6：为了使学生在课堂上能够深入思考，并从多个角度表达自己的真情实感，从同伴那里得到启发，在循环6中，我们细化了对学生课堂表现的评价。

学生小组评价表

姓名：		评价日期：				
评价说明：按照1~5分的尺度评价小组的整体情况（1. 需要改进；3. 合格；5. 优秀）此表可以由每一次讨论的组长填写。						
表 现		得 分				备 注
1. 成员都参与了讨论，充满活力。	1	2	3	4	5	
2. 大家互问问题，清晰明白。	1	2	3	4	5	
3. 大家能够围绕一个话题进行讨论。	1	2	3	4	5	
4. 大家互帮互助，热情友善，气氛和谐。	1	2	3	4	5	
5. 大家能够分工好，在解决问题的过程中，梳理好共同的认识。	1	2	3	4	5	
6. 大家能够配合默契，共同参与，把讨论的结果向其他小组表达出来。	1	2	3	4	5	
7. 在认真听取其他小组的发言后，我们能进行补充，或表达不同的意见。	1	2	3	4	5	
8. 在认真听取其他小组的发言后，我们又不断完善和深化了我们对讨论话题的认识。	1	2	3	4	5	
9. 我们能够清晰、流畅、有感情、充满创意地表达我们的看法。	1	2	3	4	5	
本次小组讨论中表现最活跃的组员是：						

学生自评表

姓名：					评价日期：	
评价说明：按照 1～5 分的尺度评价自己的表现（1. 需要改进；3. 合格；5. 优秀）						
评价内容		得　分				备　注
1. 我能认真倾听他人发言。	1	2	3	4	5	
2. 我对他人的问题或发言做有礼貌的回应。	1	2	3	4	5	
3. 我能通过举例澄清和解释自己的观点。	1	2	3	4	5	
4. 我能够表达自己的情感。	1	2	3	4	5	
5. 我能表达清晰、流利。	1	2	3	4	5	
6. 我能够主动提问。	1	2	3	4	5	
7. 我写或画的内容有自己的想法和创意。	1	2	3	4	5	
8. 我能够根据别人的意见来及时修正、完善之前的看法。	1	2	3	4	5	
9. 我能够在倾听别人发言的基础上，进行补充或者表达不同的意见。	1	2	3	4	5	
我对于我的小组的贡献是：						
这节课我的收获是：						
我有待改进的是：						

（2）基于前测问题展开教学，使学生更加专注、积极。

现代认知心理学明确指出：有意义的学习过程是原有知识同化新知识的过程。学生原有的知识状况，特别是基本原理和概念的掌握情况，直接影响新知识的学习，影响知识技能的迁移。也就是说，教学活动必须建立在学生的认知发展水平和已有的知识经验基础之上。因此，关注教学前测，找准学生起点，就显得尤为重要。

在借助课前查阅的资料理解中非人民之间深厚情谊的基础上，学生理解了文中黑人少年那句"中国人是我们的朋友"。再来品读文中描写少年言行的语句，体会少年由"卖"变"送"背后的原因，学生在生生讨论时就显得游刃有余了。正是由于问题来源于学生的不解之处，因此学生在讨论时，表现得比以往更专注，更积极。

循环7：为了使学生在课堂上更加专注与绽放，我们思考如何在课堂上解决学生的真问题，从而提升学生课堂参与度，发展学生思维。我们认为，"真问题"是指学生根据自己的认知水平和阅读体验，在学习课文时产生的问题，也是学生学习的困难之处。我们尝试，借助课前质疑，清楚地了解学生对于课文的具体问题，能够准确把握学生上课时的已有水平。

我们在研究课《卖木雕的少年》第二课时中这样尝试：

通过小组合作学习，品读少年的言行。小组合作学习，默读课文的4～15自然段，画下从哪些地方能够看出少年把"我"当做是朋友。你从中感受到了什么？画出相关的语句，和小组的同学交流一下。

【"您是中国人吧？"少年的眼睛里流露出一丝遗憾的神情。】

生：正因为"我"是中国人，少年才觉得遗憾。如果是其他国家的人他就不会遗憾。

【"这个小，可以带上飞机。"少年将一件沉甸甸的东西送到我手里。啊！原来是一个木雕小象墩，和白天见到的一模一样，却只有拳头大小。】

生：从这些语句中可以感受到，少年很细心，很真诚。从少年把木雕"送到我手里"，"送"的动作可以看出少年对"我"这个中国人的尊重和真诚。

生：从"一模一样"能够看出少年为了满足"我"对白天象墩的喜爱，特意为"我"制作了一个象墩。

生：从"却只有拳头大小"可以看出少年很体贴，真诚希望我能把这个小象墩带回去。

【看样子，他是专门在这里等候我的。】

生：可能中国人很多都住这儿，少年只是试试看能不能等到我。

生：少年是很真诚地想送这个象墩给我的。少年就是这样像对待朋友一样对待我。

学生在与文本对话、与作者对话、与同伴对话中切实做到了"在主动积极的思维和情感活动中加深理解和体验，有所感悟和思考，受到情感的熏陶，获得思想的启迪，享受审美乐趣"。

影响学生最重要的原因是学生已经知道了什么，我们应根据原有的知识状况进行教学。课前我们对学生先进行相关知识的前测，了解学生的起点时，学生的感受真可谓是小马过河，学生对课文中的一些问题既不像他们自己表现出来的那么懂，也不像老师认为的那么不懂。可见，教学前测应该成为起始课的一个重要组成部分。因此在分析教材的同时，对学生的情况也要进行分析，把握学生的知识储备，把学生的认知基础作为学生的学习起点。了解学生的学习起点，找到学生的最近发展区，正确定位教学目标，促进学生已有知识与经验的迁移，真正实现知识的有效建构。最重要的是让孩子带着自己的问题真正走进课堂，专注于解决问题，精彩绽放于课堂之上。

（3）借助小组评价表激励学生组内表现更专注、积极。

学生的自我评价和小组评价不够具体，很难体现不同学习者之间的差别，激励作用不强。

在前期的研究中发现，在学习共同体中，学生都能够参与到学习和讨论的过程中，但有些学生的学习积极性依然不高，主要表现在发言次数很少，发言内容以模仿或是重复他人的发言为主。对于这样的现象，我们及时引入了学习共同体评价表。如图6所示。

在评价表中，分别从发言次数、发言内容等几方面评价学生的发言情况。在完成评价表的过程中，学生对自己的发言情况进行自评，也对共同体内部其他学习者的表现情况进行他评。在此过程中，每一位学习者既能评价自我，也能看到他人对自己表现的评价，从而对自我的认知和评价更

图6 学生在小组学习后进行自评他评情况

为客观真实。

　　表格中涉及的各方面考察，也为学生在学习共同体中的学习过程树立了正确的标准。比如在讨论过程中：每位成员是否能够认真倾听他人；能否在他人的发言中引发自己的思考；朗读是否有感情；组内成员讨论时气氛如何；能否在倾听别的小组发言的过程中积极修正自己的想法……这些都对每个学习共同体成员在小组中交流讨论建立了标准，树立了正确讨论的目标和努力的方向，使学生在积极思考、专心听讲、多向关联等方面对自己提出要求。在每次课的结束，学生要在组内选出表现最活跃、最突出的成员。这也是每个学习共同体成员一起讨论、达成共识的结果。

　　通过这样的评价表格，我们可以看到，即使是在80%的国家课程的教学过程中，我们的学生在小组的讨论和学习中也能表现得更加积极：组内学生的发言次数有所上升；相互之间补充的情况更多了，说明能够更好地倾听他人，并且修正自己的想法；发言的小组也更多了，可以看到各小组能够更好地根据他人的意见完善自己的想法。

　　这样的一种学习模式，能改善课堂秩序，调节学习氛围，提高教学质量，让课堂教学充满活力，让我们的学生学之有效。同时，这样的学习模式有利于学生自信心、成就感、自我欣赏能力和自我判断能力的提高，并养成关注同伴——为同伴之喜而喜、为同伴之忧而忧的良好人际交往心态，在合作学习、合作评价中促成了语言表达能力的提高。

3. 大胆尝试国家课程与校本课程的整合

循环8：如何使学生在课堂上更加深入地思考问题，扩展思维的广度，加深思维的深度？

我们在线上学习的基础上，学生再探究问题，人人参与，老师深入学生当中，观察并适当引导，使得学生的思维深度和广度不断提升。

我们10%的"读书社"课程中，所阅读的书目大多与语文教材中的名家名篇有关。所以在前面研究的基础上，我们又积极探索把国家课程与校本课程整合起来，线上线下学习结合起来，这样就能在更大程度上提高学生的参与度，更大限度地发展了学生的思维。人教版六下《鲁滨孙漂流记》一课的教学设计就是一次很好的尝试。

三、课例：《鲁滨孙漂流记》

——基于波普尔循环的研究课教学设计

（一）指导思想与理论依据

《语文课程标准》指出：阅读是运用语言文字获取信息、认识世界、发展思维、获得审美体验的重要途径。阅读教学是学生、教师、教科书编者、文本之间对话的过程。这就要求我们在教学过程中能够培养学生自主阅读的习惯，引导学生掌握一定的阅读方法、阅读策略；创设合作探究的学习空间，使学生在主动积极的思维活动和情感活动中，加深对文本的理解和体验，有所感悟，有所思考；受到情感熏陶，获得思想启迪，享受审美乐趣，提升语文素养。

小说是一种具有完整人物形象和故事情节的叙事性文学体裁，它运用典型化的方法，通过各种典型人物的塑造和典型环境的具体描写，广泛而深刻地反映生活。小说这种大容量的文学样式，包含了各种各样的创作手法和表现手法，通过我们的小说阅读教学，学生能够进一步体会文章的构思、语言的风格，为语言运用打下基础。通过阅读小说，学生除了增长社会、历史、生活等方面的知识，还可获得巨大的教育意义，方便他们更理性便捷地了解社会，思考生活。

（二）教学背景分析

1. 对教材的认识与理解

《鲁滨孙漂流记》是六年级下册第四组的第 3 篇课文。本组课文是围绕着"走进外国名篇名著"这一主题编排的。教学本组课文要求我们把握主要内容，体会作品中人物的思想感情，关心人物的命运。

本课通过"梗概"和"精彩片段"两部分介绍了英国作家笛福创作的文学名著《鲁滨孙漂流记》。"梗概"部分按照时间顺序，介绍了主人公鲁滨孙荒岛历险的起因、经过、结果，介绍了重点情节。阅读"梗概"能在最短时间内了解整本书的主要内容，激发阅读兴趣。"精彩片段"是编者从全书中节选的颇具代表性的篇章，选取的是第二章第三节鲁滨孙初到荒岛的生活状态和面对现实的思考。这一部分能直接高效地让学生触摸到作者独具个性的语言，尤其是细腻的心理刻画。人物形象的特点也正是在充满了矛盾冲突的情节中，在与自然环境的关系中得到彰显。

本课作为经典作品的导读，要求我们在阅读过程中不能仅仅止步于对文本内容的感知、对文本语言的品读，而应该进一步引导学生获得阅读的方法，在小说阅读中去关注文本内部的关联，关注情节的起伏、情感的变化，去把握完整的人物形象，进一步激发阅读情趣。

作为略读课文，应倡导自主、合作、探究的学习方式，在交流、对话中加深对文本的理解和感悟；在悉心品读中受到情感熏陶，享受审美乐趣，提升阅读与欣赏水平。

2. 学情分析

开展教学前，全班在"读书社"校本课中，已经阅读过这部名著。学生能够相对准确地把握全书主要情节，并对鲁滨孙的乐观、冷静、务实等特点有了一定认识。学生在线上学习中讨论了一些感兴趣的问题或话题，分享了自己喜欢的精彩片段。

但是学生对于"梗概"的写法缺乏深入感知，对于篇章内部的联系和构思缺乏思考。对于精彩片段的精彩之处的理解还是碎片化的，缺乏系统的认识，对于经典作品的审美与欣赏还处于低阶的水平，需要在课堂中进行有针对性的引导。

3. 教学准备

（1）线上学习。

①小组内推荐《鲁滨孙漂流记》中的精彩片段，分享感受，并确定课上小组向全班推荐的内容。

②预习 16 课。梳理可以自己解决的问题，提出不明白的问题。

（2）多媒体课件。

（三）教学目标

（1）把握梗概内容，感受梗概介绍小说大意、激发阅读兴趣的特点，为今后写梗概奠定基础。在阅读梗概中初步感受人物形象。

（2）品读精彩片段，思考精彩之处，提高欣赏与评价的水平。感受鲁滨孙积极向上的人生态度。

（四）教学流程示意

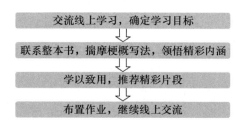

（五）教学过程

1. 交流线上学习，确定学习目标

（1）导入。

师：今天让我们一起学习 16 课，齐读课题。

（2）交流线上学习。

师：同学们，之前我们都阅读了《鲁滨孙漂流记》这本书，在课下的线上学习中，各个读书社还一起交流了对这一课的认识和理解。大家互相启发、互相补充，自己就弄懂了很多问题。哪个读书社愿意与我们分享一下你们线上学习的成果？

小组 1：

①本课以一本书的名字为题目。内容上介绍了这本书的梗概和精彩片段。

②梗概是一种应用文体，常用来简要介绍电影、电视和小说的情节。翻开一本书，一般能在封面、扉页或封底上见到它。如果你想选一本自己喜欢的书，可以在编者推荐或内容介绍中，先找到梗概了解一下。当你在网上浏览喜欢的影视剧，梗概又会帮你介绍剧情和演员。当我们制作一份《好书推荐》手抄报时，也会用到梗概。

③梗概一共有 8 个自然段，是按照起因、经过、结果的顺序写的，重点

写了鲁滨孙遇险岛上、建房定居、养牧种植、救星期五、返回英国这样几个情节。

小组2：

①关于精彩片段，我们选取的是这本书的第二章第三节的内容。一共有9个自然段。

②精彩片段主要写了鲁滨孙初到岛上的生活状态和面对现实的思考，从中感受鲁滨孙的乐观。

（3）提出疑惑，确定学习目标。

师：看来，通过线上一起交流、分享，我们六年级的学生可以读懂梗概和精彩片段的内容，并从这些内容中感受鲁滨孙这个人物形象的特点。你们不仅关注到了情节的内容，还能在情节中去感受人物形象的特点，这恰恰是我们阅读小说时的重要方法。

那么，有没有不懂的问题？

问题1：我们读了原著，有20万字左右，精彩片段只有1000字出头，为什么重点选这几个情节写？

问题2：我们在线上学习的时候，没有人推荐书上的这部分精彩片段，编者为什么推荐这一片段呢？

【设计意图】线上合作学习，把握文章内容。同时提出问题，实体课堂从学生的线上问题入手，更有针对性，激发学生的学习兴趣，提高课堂时效性。

2. 联系整本书，揣摩梗概写法，领悟精彩内涵

（1）思考解决问题的方法。

师：这确实是有深度的问题，在思考解决这两个问题的时候，有什么好方法？

互动交流：联系整本书、小组讨论、细读文本……

【设计意图】提出了问题，先思考一下解决问题的途径，那么就可以避免盲目，能够更高效地解决问题。同时引导学生经常总结解决问题的方法，形成认知，可以进一步指导学生未来的学习。

（2）依照方法，合作解决问题，教师相机指导。

【设计意图】这是一篇自读课文，应积极倡导自主、合作、探究的学习方式。同时，合作学习对于解决复杂的问题，更容易互相启发，得出相对完整、全面的认识。

（3）全班交流，梳理要点。

①联系整本书情节，揣摩梗概写法。

预设1：重点情节的选择应该是对小说充分阅读后梳理的关键情节，应该是读者最关心的问题。

流落荒岛，生存问题第一重要，所以吃、住、安全，是要写的。

预设2：写梗概还要充分考虑激发读者兴趣。

野人的部分，是人们在现实生活中不常见到的。这样的情节往往是读者感兴趣的，所以在梗概里写了，而且重点写了。

预设3：要想吸引读者注意力，在行文中要环环相扣，也要注意情节的跌宕起伏。

小结：看来，一篇好的梗概，还真是要花一些心思去思考到底写哪些情节，在行文的时候还要注意环环相扣，考虑情节的起伏，在让读者了解大意的同时，不断激起他们阅读的兴趣。

【设计意图】在问题探讨的过程中，引导学生从关注梗概内容到关注梗概写法，从而更深入地理解一部小说情节骨架之所在，同时在读出梗概之趣的基础上，思考作者是如何写出趣味的，提高了欣赏评价的水平，也为未来写梗概奠定基础。

②联系整本书人物形象特点，领悟精彩内涵。

预设1：精彩片段能突显人物性格特点。

预设2：精彩片段能反映作家创作主旨。

预设3：精彩片段能大致反映作品特点。

预设4：精彩片段能吸引读者兴趣。

小结：当我们联系整本书来看的时候，发现原来推荐精彩片段也是要从多个角度来考虑的，毕竟就是几个自然段，却要让读者有窥一斑而知全豹的感觉。

【设计意图】联系整本书，训练学生在整体中把握部分的思维方式，从而更好地与编者对话，更深入地理解教材中推荐的精彩片段的精彩之处，为自己更好地推荐精彩片段做铺垫。

3. 学以致用，推荐精彩片段

师：我们之前在线上学习推荐了一些精彩片段，再回头想想，好像考虑得不是那么周全。那现在小组内再讨论讨论，看看推荐哪个片段更合适。

小结：同学们，这节课我们在线上学习的基础上，联系我们阅读过的整本书，来看梗概和精彩片段，不仅读懂了梗概和精彩片段的内容，还推测了编者为什么这样写梗概，这样选精彩片段。课下，我们可以试着从这些角度去写写梗概，推荐精彩片段。我们线上继续交流。

【设计意图】在学习的基础上，重新审视自己推荐的精彩片段，再去挖掘精彩片段的内涵，去推荐更精彩的片段，提高审美与鉴赏水平。

板书设计：

《鲁滨孙漂流记》

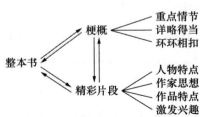

（六）学习效果评价设计

请你选择一本自己喜欢的书，尝试着写一写梗概，并推荐精彩片段。在线上与同组的同学交流，大家互相评一评。

（七）本教学设计与以往或其他教学设计相比的特点

1. 线上线下学习相结合，以学生困惑为课堂教学起点，提高教学时效性

我们尝试"双课堂"教学，在线上学习中，学生在合作探究中解决了一部分问题，这样就节省了课上的时间。我们以学生的真正困惑为教学起点，点燃学生的思维，对文本进行深入阅读与思考，从知内容到进一步体会写法。从品读精彩片段到深入思考精彩的评价，提升了学生欣赏与认知水平。

2. 课内外阅读教学相结合，启发学生联系性思维，有效突破教学难点

无论是梗概还是精彩片段，如果脱离开整本书，就难免会"只见树木，不见森林"，认识浮于表面，甚至有可能偏颇。作为写梗概的人，一定细读过原著，才能写出一篇好的梗概。对于六年级学生来讲，读懂梗概非常容易，感知梗概行文的脉络却容易忽略。教师启发学生联系原著情节，思考梗概情节，就能够更好地理解写梗概时取舍情节的标准，为今后自己写梗概或者评价梗概奠定基础。精彩片段学生读懂不难，但是却不清楚精彩的依据，这也需要联系原著，来看精彩片段的地位。这样，学生思考深入了，认知提升了，同时也发展了学生在阅读中的联系性思维。

借助线上交流，分小组讨论学习的方式，教师帮助学生对于《鲁滨孙漂流记》这篇课文的原著有了更加深入的阅读与了解。《鲁滨孙漂流记》是英国作家丹尼尔·笛福的著名长篇小说。这部长达20余万字的长篇小说在课前预习阶段就让每个学生都能阅读完，并且在教师的点播下分小组讨论学习，这在原有学习方式中是根本不可能完成的。正是借助互联网，学生线上讨论交流变革了固有的学习方式，扩充了课堂教学容载量，更加全面

深入地培养学生的语文素养。学生的投入和现场表现，赢得了听课老师的阵阵掌声。

四、收获与思考

任何科学研究都始于问题，基于问题解决的专业知识增长的波普尔模式也不例外，但其独特之处在于抽丝剥茧式地、循环性地解决问题。因为要解决最初的问题，很多时候会一层层地分析出新的问题，在每一个问题的循环解决中，最终彻底解决遇到的问题。

在这一既简单易懂又有着较强实操性的理论指导下，我们在一次又一次的发现问题中，改进方法，改进教学策略，改变课堂状态，使每个孩子在课堂上都有不同程度的提高，逐步实现每一个人在课堂上的专注与绽放。具体收获如下。

（一）课题研究与学校现有课程实践相结合，为学校课程实践提供了科学指导，拓宽了课程实践研究的思路

在教育集团育人总目标下，将"问题 1 ⇒ 试探性理论 1 ⇒ 消除错误 1 ⇒ 问题 2"的波普尔循环理论，与 10% 语文综合实践课程"读书社"相结合，进而将研究范围扩展至 80% 的国家课程中，在寻根式的问题解决中，实现每一个学生的专注与绽放。

（二）在波普尔循环理论指导下，课题组形成了一些实现每一个学生专注与绽放的培养策略

1. 构建学习共同体，关注每一个学生的成长

基于史家教育集团"关注每一个孩子的成长，希望在每一节课上看到每一个孩子的专注与绽放"的育人理念，面对课堂时间有限的现实，通过

构建"读书社"这一学习共同体，即由4~6人组成一个读书小组，小组里每个学生会扮演一种不同的研讨角色，比如社长、小记者、小画家等，每次研讨、展示再扮演一个全新的角色，角色可根据不同的年级、不同的读物有所不同，可以自愿选择角色。这样的学习共同体，使"每一节课上看到每一个孩子的专注与绽放"成为可能。

每个孩子的个性和学习能力不尽相同，我们为学生构建了一个包容、公平的课堂共同体，给学生思考和谈论学习内容的机会，每个学生都参与阅读与表达，都可以找到自己的归属感。他们都有自己的角色，都要参与讨论与表达。研究显示，这种归属感本身会提升人的学习能力。

我们对于已经实施课程近一年的班级进行了课堂观察，基于总体数据，形成了如下柱状图。

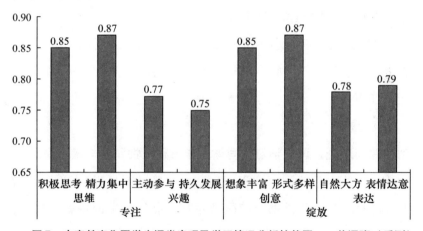

图7 史家教育集团学生课堂表现及学习情况分析柱状图——普通班（后测）

2. 以点带面，逐渐拓宽波普尔循环的实践研究范围

如何在教育教学实践中真正关注每一个孩子的成长，在有限的课堂时间里实现每一个孩子的专注与绽放呢？在研究第一阶段，我们先在语文学科内部开设的10%综合实践课程——"读书社"中开展研究，形成研究的"点"。经过第一阶段的研究和探索，摸索总结出一些有效的经验和方法后，在80%国家课程中推进，逐渐拓宽波普尔理论研究范围，从而实现"以点带面"的课题实践研究思路。

3. 采取一定的评价机制，制定同伴间的评价表，充分利用共同体中同伴影响的效应，给予学生发言的正面影响

针对"如何调动学习共同体中学生发言次数少的学生更多发言，保证每个学生的参与度？"的问题，我们制定了学生课堂观察评价表（第一版）。在该评价机制下，课堂上学生的参与度、投入度有了较为明显的提高，同伴影响效应也有一定效果，但新的问题又出来了：有些学生发言的角度单一，学生发言时模仿他人，自己的想法较少。那么，如何改变学生在小组交流中发言角度单一的情况？面对新的问题，我们进一步对评价表进行了完善，加入了对发言创新性的评价，比如，在发言中进行多项关联：联系个人生活实际，联系作者背景或同主题的作品内容来支撑自己的观点。完善后形成了学生课堂观察评价表（第二版）。

这样的多项关联不仅给学生的阅读提供了思路，还增添了学生思考的动力，激发了学生阅读学习的兴趣，能够帮助学生更好地理解文学作品，"学生发言的角度单一，学生发言时模仿他人，自己的想法较少"的问题也得到切实有效的解决。

4. 利用课前质疑，调动学习共同体的学习积极性和参与度

课题研究拓展到80%国家课程中后，在波普尔循环理论指导下，在原有研究的基础上，聚焦"借助课前质疑问题，提升学生课堂参与度，发展学生思维"的研究。教师通过课前前测的方式，了解学生的课前质疑情况，从而找到学生学习的"真难点"和"真问题"，促使课堂上"真学习"的发生。同时，也利用学生自己总结出的这些学习难点，吸引学生在课堂上更加专注，更积极地参与到学习共同体的学习探究中。

（三）课题研究促进了学生语文核心素养的培养

无论是研究前一阶段的10%语文综合实践课程"读书社"，还是研究推进阶段的 80% 国家课程，课题研究始终都在关注学生语文核心素养中的阅读能力、表达能力、思维能力等。波普尔的循环理论在寻根式的问题探究及解决中，促进了学生语文核心素养的培养，丰富着学生语文核心素养的培养方式。

1. 在话题思考与讨论中，发展阅读思维

在研究过程中，我们发现在课堂上，学生的阅读与讨论都是围绕自己提出的问题或话题进行的，学生在讨论与探究的过程中，不同的思维相遇，生发出疑问，碰撞出火花，在思考、倾听、讨论中收获不同的观点，逐渐形成对某个问题深入、系统甚至是辩证的认识。他们在谈感受时说："我慢慢学会从不同的角度思考问题，这种不断思考逐渐找到问题答案的感觉棒极了。"

2. 在对话交流与互动中，培养倾听能力

我们的课堂尝试以生生对话、师生对话为主要形式，互动成为推动课堂的动力。在这样的课堂中，学生首先要学会倾听，然后才能互动交流。我们训练学生先去听清楚别人的发言，思考对与错，与自己想法的异同，继而在别人发言的基础上来发表自己的观点。在持久的训练中，学生的倾听能力不断提高。

3. 在系统的表达训练中，提升表达能力与水平

我们在每次课结束后都会让学生填写自评表，学生会反思自己在课上的表达情况，找到努力的方向。我们为学生建立成长档案，找到课堂中老师指导的重点，更能够根据不同学生的特点和需求来提高每个学生的表达水平。

我们欣喜地看到，原来课上不发言的同学也能勇敢表达自己的想法了，原来课上爱发言的同学可以清楚、有感情、有说服力地表达了。同时因为撰写不同角色日志，除了口语表达，学生开始灵活运用图画、思维导图、小剧等形式来更好地表达自己的观点。他们用思维导图去发现文本内部的关联，用漫画再现故事情节，用搜集到的信息去揣摩作家的写作目的。我们发现他们阅读的视角在拓宽，阅读的品质在提升，无论是阅读和表达，都更具有创新的意识。

（四）课题研究帮助教师转变角色，挖掘教师领导潜能，促进了教师的发展

1. 教师在教学中转换角色，转变教学方式，提升专业素养

在整个研究过程中，对于教师而言，既是机遇，又是挑战。我们要不断地关注学情，关注解决策略的实施效果，再思考、再学习、再研究。在这个过程中，教师要对教学内容有更深入的了解。老师们不仅要与学生共读一本书，而且要查阅大量资料，才能对每一次课的教学目标有一个准确的定位。老师们说："我们也在学习中不断充实了。"当课堂中学生真正成为主体，对教师的要求就更高了，教师要在学生难理解处、有分歧处，给予有效的点拨与指导，这是挑战，也是提升自身教学水平的契机。我们的老师在教学《鲁滨孙漂流记》这本书的时候，查阅了十几万字的研究资料，不仅了解了这本书的基本创作特点，更深入地总结了对于这样一部长篇小说，到底应该教给孩子什么。在教学中，引导学生去运用联系的思维，关注情节的发展变化，体会内容的跌宕起伏，抓住细节，体会人物情感的起伏，从而深入感受一个立体的有血有肉的人物形象。

2. 促进教师拓宽视野，丰厚底蕴，提升教学水平与领导力

对于一线教师来说，有时候会囿于自己的日常教学，形成思维定势。这次研究历程，不仅让我们了解到波普尔循环这样一种研究方式，更重要的是在研究中我们不断地拓宽视野。在教授的一次次跟进研究中，在不断提出新的问题中，我们对教学中要研究的问题思考得越来越深入，当我们为了更好的研究不断地学习时，自身的底蕴也越来越丰厚了。我们感觉课堂的驾驭能力越来越强。研究中，我们改变了教师一言堂，把课堂交给学

生。让学生主动参与、自主探究和自由创造，以小组合作的方式开展研究，在一系列的语文实践活动中发现问题、提出问题、分析问题、解决问题。教师参与讨论、引领提升。这种教与学的变革，为教师的探究也提供了广阔的空间，调动了教师自身学习与探究的积极性。当我们自身的学术和教学水平不断提高时，对同伴的影响力自然就越来越大了。我们可以把好的经验不断分享给身边的老师，提升学校整体的教育教学水平。

五、结 语

教师发展是学校发展的主体要素，学校发展必须依赖于教师队伍质量的提升。本项课题研究通过集中学习、团队学习与合作研讨，在国际、国内知名专家多次进校指导下，教师的问题解决能力、业务水平、研究能力等都在不断提升，研究视野不断扩大，专业发展空间得以拓宽，学习途径不断得到丰富。教师的领导力得以提升，成为具有一定领导力的领袖型教师。

回顾整个课题研究过程，在收获的同时，也在不断地反思。反思是为了更好地展望未来。波普尔循环理论是一个不断地发现问题、不断地解决问题的过程。这种抽丝剥茧式地一步步探究问题根源，并在不断地追问中寻找实现"关注每一个孩子的成长，在每一节课上看到每一个孩子的专注与绽放"的途径。本项课题研究虽然结束了，但日常教育教学工作中还在经历更多的问题，如何将波普尔循环理论扩展到更宽广的教育教学领域中，将这一研究思路常态化，帮助老师们更好地解决更多的问题，则是我们接下来要努力的方向。

感谢研究过程中给予我们指导的专家、教授和学校领导，语文组的五位伙伴共同研究、共同进步，我们在团队中提高，同时又不断地推动团队的发展。

基于学生差异的数学理解的教学策略研究[①]

——波普尔循环在小学数学教学中的应用

一、引　言

（一）研究问题的提出

孩子和家长是否经常会反映这样的困惑：知识我都会，一做就不对；课上老师读题，我就会做，自己读题就做错；读了好多遍题目，就是不知道题目的意思是什么，进而也就不能够答题……其实我们在做题的时候，首先就要读懂题，只有理解对了，才能做对方向。因此，理解能力对于数学学习是十分有帮助的，如果题目读不懂，还怎么进一步做题呢？

1. 阅读理解能力对高考的重要性

近年来随着中高考形式的改革，我们不难看出，现在的考试知识难度降低了，但应有的能力却提高了，高考数学的《考试说明》明确要求"学生能阅读理解对问题进行陈述的材料，能综合应用所学的数学知识、思想、方法解决问题，并能用数学语言正确地加以描述"。作为对这一要求的"呼应"，全国各地高考试卷中都出现了阅读理解型试题，它的信息通常以文

---

① 本专题作者为：张春艳、吴斯、杨昕明。

字、图标、符号等形式提供，具有情景新、知识活、能力要求高等特点，它要求考生要在短时间内完成对这些信息的阅读理解、提取转化并运用所学知识加以解决。

为此我们就在想，数学阅读不是会读就行，它需要我们在读的过程中辨析出信息之间的关系以及能快速提炼出题目的要求与意思，所以它需要我们具备这种数学阅读的能力，而能力的形成不是一蹴而就的，它需要从小培养。

2. 教学中的阅读问题

在实践教学中发现，许多学生将一些文字题或者图形题做错不是因为计算过程过于复杂或者学生没有掌握解题策略，而是没有理解题意，即没有理解题目中隐含的数量关系、特殊数学符号、图形代表的意义等导致。当把不易理解的题目，以计算题的形式表征出来时，大多数学生就能够做。针对这一现象，我发现了如下问题：

（1）拿到一道文字题不知该如何下手，茫然不知所措？

（2）为什么读半天都读不明白，不知所给信息之间有什么联系？

（3）有什么方法可以帮助我们快速阅读，理解题目的意思？

3. 文献成果的不足

查阅了大量文献发现，大家在研究数学阅读时都是着重从如何丰富数学阅读的内容上入手的，主要有课内数学阅读和课外数学阅读，而很少介绍如何采用适合低年级的有效指导阅读的方法的研究。

4. 研究的问题

（1）为什么要培养低年级学生的数学阅读能力？

（2）提升低年级数学阅读能力的有效策略是什么？

（二）文献综述

在"阅读"定义上，我们可以看出科威尔和霍尔对阅读的界定有很多相似之处，基本都认为阅读是由解码和理解两大部分组成，而且解码和理解是阅读的两个不同阶段，代表着不同水平的阅读能力。但两种观点也有不同之处，如以科威尔为代表，强调阅读是一种智力技能，侧重于阅读各个阶段所要达到的要求的描述。而以霍尔为代表的另一种观点，则在承认阅读是一种认知技能的同时，将阅读看作是一种元认知活动，强调阅读是一种策略，包括建立目标、选择策略、监控过程等。

在"数学阅读"定义中，又可以看出其实数学阅读如同一般的阅读过程一样，是个完整的心理活动过程，包含对数学语言（文字、符号、公式、图表）的感知与认识、合理推理、应用与实践几个方面。即数学阅读理解包含理解能力、推理能力、应用于实践的能力。

而在"小学低年级数学阅读"的具体研究中，李丽娜和赵天彤都采用丰富课堂的阅读素材、加强语文教学的联系、在阅读时采用画批、抓关键字、教授阅读技巧等方法提高学生的阅读能力。

综上所述，数学教学就是数学上"文字语言""图形语言""数学符号语言"相互之间进行等效转换的教学，而数学阅读常要求灵活转化阅读内容，如把一个抽象的内容转化为具体的或形象的内容；把用符号语言或图形语言表述的关系转化为文字语言的形式，或把文字语言表述的关系转化为符号或图形语言，或把三种语言表述的定义、定理、公理翻译成自然语言以方便理解。低年级的学生存在识字量少、阅读时间少、理解能力低等特点，所以我觉得引导学生把文字语言表述的关系转化为符号或图形语言更符合低年级学生的特点。基于此，我觉得"审题策略、画图策略、提炼梳理策略、阅读分享策略"就很符合这种要求。

（三）波普尔循环

1. 科学开始于问题

"科学开始于问题"是波普尔"四段图式"科学方法论的重要命题。这是他在反对传统的经验归纳法的"科学开始于观察"时提出来的颇有见地的重要学说。自培根以来的自然科学家和唯物主义哲学家都认为科学知识是从观察开始的，波普尔则认为"科学不能从观察开始"。近代物理学的理论特别是爱因斯坦的理论是一种高度思辨、高度抽象的理论，它们与所谓"观察基础"的东西相去甚远。

波普尔反对"科学开始于观察"的理由有三：其一，人们不是为观察而观察，而是为生活、为科学研究而观察，因而通常观察总是具有一定的"目的性"和"选择性"，这种目的性和选择性是由人的理论、观点和兴趣所决定的，他说"理论指导我们的观察并帮助我们从无数观察对象中做出我们所关心的选择"。其二，科学的观察是理解中的观察，而理解必然是一定理论、观点之下的理解。他说："我们的一切实验是在理论指导下进行的，除了理论理解外不可能有别的解释。"其三，科学观察结果的记录和表述也必须有一定理论指导，尤其表现在运用高度科学理论的概念记录和表述方面。概言之，观察总是离不开理论指导的"先有理论后有观察"。

2. 波普尔循环

波普尔的"四段图式"还表明科学的发展始于问题是通过不断地提出尝试、猜想、假设、反驳、证伪、清除错误而前进的。他说："所有的理论是尝试，都是尝试性的假设，人们把它们拿来试试看它们的结果如何。而所有尝试对它们的确认都仅仅是一种批判精神指导下的暂时结果。它在努力寻找理论中的错误。"因此，他称这种科学方法为"尝试与清除错误的方法"，简称为"试错法"。波普尔认为错误或者说发现错误是科学发展的必要前提，只有发现错误才能清除错误，从而才能提高理论的逼真度、促进科学的发展。他说："我们的错误能为认识的昏暗提供光亮，从而帮助我们探索走出黑暗的洞穴的道路。"

波普尔认为错误与真理这两个概念并不是绝对对立的，只有清除错误才能接近真理，因而错误这个概念本身就包含着客观真理的思想。他说：

"只有批判地讨论、寻找错误严肃的并尽可能的清除错误才能更接近真理。因此错误这个概念本身中就包含着作为我们可以少犯错误的标准的客观真理的观念。"波普尔说科学家不要怕连续犯错误，"我们失败了一百次以后就有可能成为这个特定问题的专家"。波普尔"试错法"中关于错误对理论发展作用的观点包含着合理的辩证唯物主义认识论的思想。

（四）研究方法

本文采用行动研究，在充分调查和整理分析文献的基础上形成假设，制定研究方案，并着手实施。边实验，边总结，边反思。

本研究过程中具体用到实物收集法、课堂观察法和问卷调查法。

1. 实物收集法

在研究实施阶段收集的与研究问题有关的文字、图片、音像、物品等，可以是人工制作的东西，也可以是经过人加工过的自然物。

2. 课堂观察法

观察点对一个个教学环节进行定格、扫描，搜集、描述与记录相关的详细信息，再对观察结果进行反思、分析、推论，以此改善教师的教学，促进学生的学习。

3. 问卷调查法

教师用统一严格设计的问卷，通过书面语言与被调查者进行交流，来搜集研究对象关于阅读能力信息和资料的方法。

二、研究过程：基于波普尔循环下的教学实验

（一）波普尔循环过程

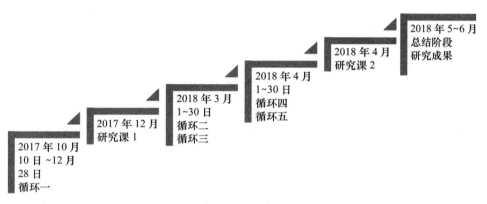

波普尔循环过程具体内容如下。

波普尔循环步骤	反思性说明与诠释
问题 1： 如何解决学生在数学课堂中题目理解困难的问题	1. 这个问题的本质是学生对很多数学题目存在不理解的现象。核心概念是题目理解。 2. 在学生的数学题目阅读理解上，有时确实存在着一些干扰因素和阅读理解障碍问题，如果对题目的意思理解不清，很难正确判断出题目的要求是什么，甚至不知道该如何下笔。所以如何指导学生进行数学阅读，是帮助解题的重要手段。 3. 之所以选择这个题目，是发现，现在很多学生做题出错的原因多为不认真审题和审不出关键点。因此这个问题如果能得到很好解决，对于学生日后的解题和理解题目意思将起到非常重要的作用
试验性理论 1： 认真读题，圈画重点字	1. 这个"圈画重点字"可以促使学生认真审题，最起码从直观上，可以看到他读出的重点是什么？从而在做题时能起到警示的作用。 2. 核心概念是"圈画重点字"，就是让学生通过阅读题目要求，从而找到题目中的重点，及要注意的地方。 3. 这个方法便于操作，可以有引导性和强制性地让学生进行数学阅读

续表

波普尔循环步骤	反思性说明与诠释
消除错误1： 这样的画批只对简单的题目要求或者少数人起到了作用。但时间一长发现，有些同学应付差事，较复杂的解决问题，简单的画批并不能让他明白数量之间的关系	1. 这个试验性理论，最大的效果就是让学生在拿到一个题目时，不是盲目地就去解题，而是先读一下，圈出重点字，然后再进行解答。 2. 这样的画批只对简单的题目要求或者少数人起到了作用，时间一长发现，有些同学应付差事，圈画只停于表面。 3. 遇到这些困难后，就思考有没有一种更有效的办法可以让学生不把读题停于表面，对于复杂关系的问题，能不能再深入地进行理解。 4. 新问题是，对于较复杂的解决问题，简单的画批并不能让他明白数量之间的关系
问题2： 如何阻止学生在审题时应付差事，有什么策略可以帮助学生对较复杂解决问题数量关系的理解	1. 这个问题的本质是什么策略可以帮助其理解较复杂数量之间的关系。核心概念是复杂的解决问题。 2. 较复杂的解决问题一直是阅读理解能力差的学生存在的现实问题，很多学生就是因为不明白其数量之间的关系到底是什么，才导致了不会解题。 3. 之所以选择这个问题，是因为在解决较复杂的问题时，简单的圈画已经不能帮助学生明白数量关系了，圈画也只能停于表面。这个问题的重要意义在于，如果能有一种策略可以帮助其分析数量之间的关系，对于较复杂的解决问题，学生将有更为具体的解题手段
试验性理论2： 在解决较复杂的解决问题时，采用画图策略帮助学生进行数量关系的分析，从而选择正确的算法	1. 多个实验告诉我们，"画"这种手段，可以把抽象变直观，把概括变具体。 2. 这个理论的核心是"画图策略"，就是通过各种实物图、线段图等，把他所看到的、想到的，用图画的形式表现出来。 3. 通过实验发现，从最早模型的建立、用图，到之后放手应用，最后到独立解决较复杂的题目，可以说画图在学生心中真的起到了很好的支撑作用，它让复杂关系变得简单和直接
消除错误2： 画图策略对于思路清晰的同学无疑是一个好的方法，它可以让抽象变直观。但对于学习困难的学生，一是不知道信息之间的关系，导致不会画图；二是看不懂别人的图	1. 在尝试阶段，发现对于较简单的问题，圈画重点字确实起到了警示的作用，但对于较复杂的问题，画图确实可以帮助其理清思路，清晰地看到数量之间的关系，从而选择出正确的方法解决问题。 2. 又面临的问题是对于学习困难的学生，一是不知道信息之间的关系，导致不会画图；二是看不懂别人的图。 3. 在解题的过程中光自己"埋头苦干"还不行，还要从别人身上学到自己所欠缺的，从而提升自己的理解水平。 4. 产生的新问题：如何把自己的理解和困惑讲出来，让同伴帮助其梳理数量关系，从而解决自己遇到的问题，并从中提升自己的理解水平

波普尔循环步骤	反思性说明与诠释
问题3： 如何把自己的理解和困惑讲出来，让同伴帮助其梳理数量关系，从而解决自己遇到的困难，并从中提升自己的理解水平	1. 把困惑讲出来，寻找同伴的帮助。 2. 这个问题的重点在于同伴间的交流，通过讲的形式，让困难的同学思维外显出来。 3. 之所以选择这个问题，是因为在之前的研究中，我们将侧重点更多地放在了全班同学上，而忽视了学困生的个体差异
试验性理论3： 提出问题后，就近结成小组，利用审题、画图的策略模式共同探究新问题	1. 小组共同探究的模式更有针对性，这种模式可以关注到每个学生。 2. 核心概念是小组合作。小组合作利于学生互相学习，它可以使学习更有实效。 3. 这个试验性理论可以让我们更能关注到学习有困难的学生
消除错误3： 这样的小组合作对于中上等学生来说，还是很有效的，这样的学生处于似懂非懂之际，优等生的一句话提醒可能使他茅塞顿开，但对于学困生来说，小组合作并不能帮到他什么	1. 尝试着进行小组合作后发现，孩子们的发言机会多了，参与讨论的热情高涨了，尤其是中等生的专注和提升的空间更大了。 2. 小组合作后面临的最直接的问题就是学困生没有真正地参与进去，更多的就是听。 3. 寻找小组合作学习的更有效方法。 4. 面对学困生不能积极参与，我们的小组合作还能继续吗
问题4： 如何在小组合作中发挥合作的优势，让学困生能真正参与进去，而不是充当人数和听客	1. 这个问题的本质是探究什么样的小组合作形式可以最大化地帮助学困生。 2. 小组合作学习在很大程度上优于全班一起学习，由于参与人数少，能在活动中让每一个成员得到最大限度的参与，对于知识的研讨更是具有很高的成效。 3. 之所以选这个问题，是我们在深入小组学习中发现，所谓的小组合作并不能让每个学生都畅所欲言或者愿意表达心中所想。学困生由于审题、理解、思维等多种因素的干扰，导致他即使在小组合作中，也是不愿意完全表露自己的心声

续表

波普尔循环步骤	反思性说明与诠释
试验性理论4： 在小组合作中，有针对性地进行合作指导，如选出一名组长，给每个组员进行具体分工	1. 由于孩子们刚开始还不太会小组合作，所以指导孩子们进行有效的小组合作就尤为重要。 2. 核心概念就是指导合作，只有开始认真细致的指导，才能让学生真正体会合作的价值。 3. 发挥每个学生的真正潜能，让大家乐意参与才是真正的互帮互助
消除错误4： 由于教室中要定期轮换座位，小组成员总是不太固定。由于小组成员之间没有深入的了解和信任，组长不能有效地进行分工，小组成员经常不能进行有效地沟通和互动	1. 尝试让组长为组员分工后，组员之间互相了解的小组进行得比较顺畅，大家能够一起商量选择适合自己的工作，人人都能参与，大大提高了学习效率和学习效果。 2. 相反，性格差异较大或不太熟悉的组员们，会因为分工等一些小事发生矛盾，连研究的时间都没有。 3. 固定每个讨论小组的组员、组长。 4. 该怎样科学合理地建立学习小组呢
问题5： 教师该如何科学合理地帮助学生建立固定的学习小组	1. 建立科学合理的小组。 2. 教师在对学生进行分组时，要因人而异，要了解每个学生的性格、学习成绩、特长等，根据学生的特点有针对性地进行分组，而且要在分组后明确每个组员所扮演的角色和起到的作用。 3. 只有科学合理的分组，才能提高组员的参与热情和团队合作效率，让每个成员既可以发挥自己的优势，还可以学习其他组员的优点
试验性理论5： 教师在充分了解每一个学生特点的基础上分组，每个小组4~6人，平均分配优等生、中等生和学困生；并明确每个人在小组中的职责	1. 适当的人数可以保证学生能够充分的交流互动：既不会因为人数过少失去交流的意义，也不会因为人多没有时间发表自己的看法。各个层次的学生都有，可以让大家彼此取长补短。 2. 核心概念就是有效的小组合作。小组合作利于学生的互相学习，它可以使学习更有实效。 3. 这个试验性理论是根据每一个学生的特点和课堂实验得来的，因此是比较合理、科学的分组方法

续表

波普尔循环步骤	反思性说明与诠释
消除错误5： 固定的小组经过一段时间的了解和磨合，几乎不会出现因为分工等一些小事发生争执，但依然会听到组员在讨论过程中互相指责彼此的错误，而没有吸取好的学习方法与思维模式。学生在讨论过后不会彼此评价或者自我评价	1. 尝试固定的小组一段时间后，在小组讨论合作学习时几乎不会出现因为分工等一些小事发生争执。 2. 经常会听到组员在讨论过程中互相指责彼此的错误，而没有吸取好的学习方法与思维模式。学生在讨论过后不会彼此评价或者自我评价。 3. 引导学生学会合理地组员评价与自我评价。 4. 如何引导学生学会合理的互评与自我评价
问题6： 如何引导学生在问题讨论后，学会合理的互评与自我评价	1. 这个问题的本质是自评和互评。 2. 在小组成员讨论之后，进行组员间的互相评价和自我评价，可以补充自己的不足，吸取他人长处。 3. 之所以选这个问题，是因为我们在深入小组学习中发现，大部分学生过于关注他人在合作过程中的错误，而较少的把目光聚焦在他人的成绩上，能够进行总结和自我反思的孩子更是少之甚少

（二）波普尔循环过程中提炼出的四种教学策略

随着"基于学生差异的数学理解的教学策略"的深入研究，我们在波普尔循环过程中，尝试运用了审题策略、画图策略、提炼梳理策略、交流分享策略这四种策略，来提升学生的数学理解。

1. 审题策略

审题即审清题意，通常它包含三个环节，即解题前对已知与未知事项的初步分析与观察（通常意义下的审题），解题过程中对题意的进一步分析（反顾），以及解题后的检验与反思。其具体内容是：已知什么？隐含什么？需作什么？注意什么？等等。在数学教学中，教师通过分析题设与所求或结论之间的数学关系——逻辑关系、数量关系、空间位置关系等，使学生掌握审题方法，从而提高学生分析问题、解决问题的能力。

2. 画图策略

画图策略也称为图示策略或图画表征策略，即借助画图的方法来画出符合题意的图案或图形，将抽象复杂的问题直观化、具体化，帮助学生更好地理清思路、认识问题，便于学生观察与解答。

3. 提炼梳理策略

"梳理知识，建构网络"的提升目的是让学生进一步巩固、深化基础知识，提高知识技能、学习能力和解决实际问题的能力。回顾本节内容涉及的各个知识点后，通过讨论、研究知识之间的内部联系，从而归纳编织，合理构建。

4. 分享策略

尊重的是学生好奇心、好探究、好秩序、好分享的自然天性；打破的是传统课堂中教师主宰课堂、唯我独尊的核心地位；翻转的是师生的角色转换，学生是课堂的主人，是课堂的核心，教师是助学者、"挑衅者""仲裁者"、辩论场的主持等；建立的是从问题出发，通过独立思考，学生积极主动地展示、交流、分享学习过程中的思考和体验，实现共同成长、共生互补，享受认同与尊重的愉悦。给学生的思考提供充分表达的平台，提供分享智慧的空间和时间，提供自主探究、合作交流、思维碰撞的留白，学生表达"我的不同、我的质疑、我的补充、我的表扬、我的建议"，学生的创新意识和创造能力才会如种子般富有蓬勃的张力和鲜活的生命力。

（三）四种教学策略在实际教学中的应用

为了提升学生的数学阅读理解能力，最终能正确解答问题，在教学中我充分进行了这四种策略的研究。

1. 审题策略的应用

现在的学生没有认真审题的习惯，分析其现状发现，一是做过类似的题，所以可以想当然；二是有不认识的字，于是索性不读；三是文字太多，懒得读。基于此，我在学生刚上一年级第一次接触数学题时，就从"圈画重点字"开始了审题工作，如，简单的题目要求画批：

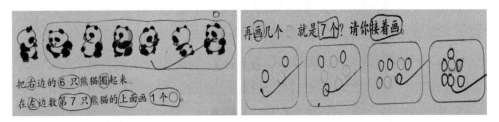

这样做的目的，是让学生更清晰题目中的要求是什么，从而起到了警示的作用。

再如，剔除多余干扰因素的画批：

这样做的目的，是剔除了题目中的干扰因素，如图画、多余文字、多余条件等，从而压缩了原有题目中的要求，使其把最能反映要求的句子留下来，帮助其正确地理解数量之间的关系。

2. 画图策略的应用

有些问题由于信息多，或者信息之间的关系复杂，导致很多学生拿到题后无从下手，不知道要求的问题和信息之间是什么关系，而画图是一种非常重要的分析问题和解决问题的策略，它是利用图的直观来对问题中的关系和结构进行表达，从而帮助学生分析问题和解决问题。借助几何直观，可以把复杂的数学问题变得简明、形象，有利于探索解决问题的思路。同时，画图又是一个去情境化的过程，它把情境中的数量关系进行提炼，并进行直观表达。以下是一个解决问题教学中的案例。

（1）教学片断：

师：小丽和小宇之间到底有几人呢？把你的想法画在纸上。

学生动笔画。

（2）展示交流：

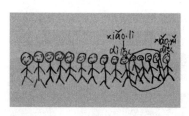

师：你能讲讲你的想法吗？

生：小丽不是排第 10 吗，所以我先画一些小朋友，当到第 10 个时我就知道她是小丽了，后来我又继续往后画，当画到第 15 个人的时候就是小宇了，后来我数了数，他们之间一共有 4 个人。

评价：你考虑问题还挺全面，有 15 人就画出了 15 人，虽然画得费时，但我们听得很清楚。

  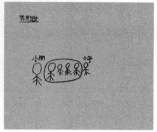

师：这些同学画的是什么意思呢？跟刚才的比为什么就画这几个人呢？

生：题里问的是小丽和小宇之间有几人，小丽排第 10，小宇是第 15，我觉得跟小丽前边的 9 个人没有关系，所以就不用画那 9 个人了，只要从第

10 个人开始画，画到第 15 个人就行了，所以他们之间是 4 个人。

评价：你说的真到位，看来在思考问题时我们应该先从问题入手，只把需要用的找到即可，不用把所有的都画上，这样就轻松多了。

师：这 3 位同学画的跟前面的同学有什么不同吗？

生：他们把每个人排第几个都写上了。

师：你觉得这么写好吗？

生：这么写挺好的，省得画之间有几个人时数错了，而且还可以一下就告诉我们他们之间有 4 个人。

评价：你们说得真好，看来写上数可以让这幅图更清楚，不用给别人讲，就可以一下子让别人看出来他们之间有 4 人。

刚才大家在画的时候，我发现有 2 个同学特别快就画完了，看看他们是怎么画的？

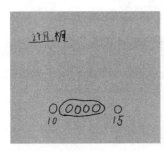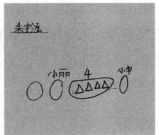

师：看到他们的作品你有什么想说的吗？

生：我觉得他们用圆圈代替小朋友，画得特别简单，所以画起来也就特别快了。

师：看来以后在画复杂图形时，为了节省时间，我们也可以用这些数学符号来代替。

师：我这还有一个同学画的也跟大家的有一点区别，快看看，你发现区别了吗？

生：他把小丽和小宇划去了。

师：他为什么要把小丽和小宇划去呢？

生：因为问的是他们之间有几人，之间不包括小丽和小宇。

评价：你真会读别人的想法，这幅图清楚明白地告诉我们什么是"之间"，"之间"就是不包括这两个人。

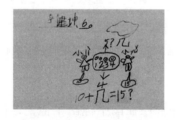

刚才的作品中还有一幅特别有意思，快看看！

师：怎么图上一会儿写5一会儿写4呢？到底是4还是5呢？快让他来给我们讲讲？

生：我开始觉得小丽排第10个，小宇排第15个，就想10＋几＝15呢？加5呀，所以他们之间就应该有5个人，可是后来一画图才发现其实他们之间应该有4个人。

师：那在10＋5＝15这个算式中，10、5、15分别表示什么呢？

生：小丽和他前面一共10个人，5表示中间的4人和小宇，15表示这一队一共有 15 人。

师：看来他们之间的人是不包括小宇的，你算的 5 里面包括小宇了。

评价：你能先自己思考提出质疑，然后再通过画的形式来帮自己解答质疑，真是了不起，看来有时画图就可以让复杂的问题变得简单。

刚才听了大家的想法，现在你对这道题理解了吗？给你 1 分钟修改自己的作品。

其他学生修改后的作品：

上面这个案例中，学生对于"之间"这个词很难用语言描述出来，也有很多孩子所想和现实含义存在一定的差距，因此，这节课我就从"画思路"的方法入手，让学生把对这道题的理解用画画的形式展示出来，后来又从 6 种不同的画法上进行反馈：①先画 15 人，再确定第 10 和第 15 之间的人数；②只画从第 10 到第 15 人，再确定他们之间的人数；③把 10～15 人都写上了排的号码，并且还在图中标出了他们之间有"4 人"；④用数学符号"○"代替了复杂的小孩；⑤也用"○"代替了复杂的小孩，但把排在第 10 和第 15 的圆去掉了；⑥与旧知识进行了对比，产生质疑，用画的形式帮自己解决了困难。在这 6 种对的想法中，通过汇报的层次性，让学生在一步一步地提升中体会出画图的好处，用符号画的便捷，从而加深对数量关系的理解。不过在这节课中，也有个别学生不知道从哪里入手画，也不知道数量之间的关系到底是什么，后来通过上面的这种汇报，使这些学生一下子茅塞顿开，学生在修改自己的作品中教师进行监控。通过学生最后上交的作品不难发现，学生对于用画来理解题意、分析数量之间的关系还是非常好的。

再如，画图作为一种解题策略，对于学生们的直观帮助：

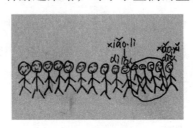

另外，不同的图还可以表示学生的不同思维，都可以帮助其正确解答问题。

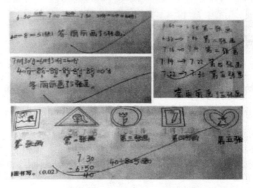

解决问题的教学对于大部分学生来讲是个较难理解的地方，也一直是教师教学中的难点，在实际教学中，学生或者不懂题目的意思，或者不理解数量之间的关系，或者找不到解决问题的思路，从而造成"学生"教学效率的低下。通过大量的实践发现，画图具有很强的直观性，它能够有条理地表示数量，便于学生发现数量之间的关系，从而形成解题的思路。因此，在解决问题教学中我尝试着用画图的方式帮助学生进行学习。

3. 提炼梳理策略的应用

俗话说"温故而知新"，旧知的回顾不能仅仅着眼于知识的巩固，更应该着眼于能力的提升，尤其是提升综合解决问题的能力，以及在头脑中建立起知识之间的联系，从而为新知识的学习打好基础。在低年级，一个单元知识学完后，学生往往不知道都学了什么，甚至对单元概念的理解都比较薄弱，因此借助思维导图这个手段，既可以让学生建立起知识之间的联系，又能让学生体现出数学的好玩与美，从而做到整体把握教材，把知识真正的读薄，如学生在一年级时跟着老师一起学习思维导图。

从开始的模仿，到后来的创新，学生在一点点地发生着变化。最后到掌握方法，形成意识，如在其他学科中对于思维导图的应用。

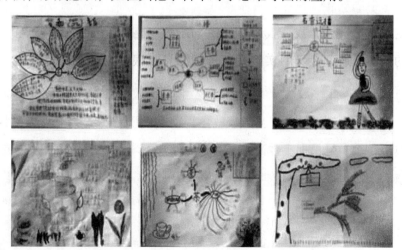

现在的思维导图对于学生来说已经不是负担了，相反，他们觉得用它梳理知识更能让自己的头脑清晰，更能了解知识之间的联系，从而达到理解和掌握的目的。

三、课例：《小数的性质》[①]
——基于波普尔循环的研究课教学设计

（一）课前新思考

1. 指导思想理论依据

《义务教育数学课程标准（2011年版）》强调：课程内容的选择要贴近学生的实际，有利于学生体验与理解、思考与探索。同时指出：学生应当有足够的时间和空间经历观察、实验、猜测、计算、推理、验证等活动过程。教师教学应该以学生的认知发展水平和已有的经验为基础，引导学生独立思考、主动探索、合作交流，获得基本的数学活动经验。

2. 教学背景分析

（1）教材分析。

"小数的性质"是义务教育教科书四年级下册第四单元第二小节"小数的性质和小数的大小比较"的内容。"小数的性质"是一节概念课，是在学生学习了"小数的意义"的基础上深入学习小数有关知识的开始。这部分内容安排了4个例题。例1、例2教学小数的性质，例3、例4教学小数性质的应用。例3是根据小数的性质可以把末尾有零的小数化简，例4是不改变小数的大小，把一个数改写成指定位数的小数。掌握"小数的性质"，不但可以加深对"小数意义"的理解，而且为后面的"小数的大小比较""小

---

① 本课例由王磊、侯宇菲撰写。

数四则计算"打下坚实的基础。

（2）学情分析。

学生具备一些学习概念的经验，有一定的方法基础。在知识上他们已经较好地认识了小数的意义，会读写小数，能进行一位小数的大小比较及加、减计算。学生对于小数意义的理解建立在：通过"元、角、分""方格纸""长度单位"等模型认识小数与十进分数的关系，以及认识小数的计数单位和小数的位值意义。这些是本节课教学的起点。

（3）我的思考。

学生达成本节课的知识目标并不困难，难点在于探索小数的性质背后蕴含的道理，使学生知其然，并知其所以然。因此我为学生提供多种探究材料，引导学生通过不同的验证方式，深化对计数单位、对小数性质背后道理的认识，进一步丰富对小数意义的理解。

3. 教学目标

（1）理解并掌握小数的性质，会应用小数的性质化简、改写小数，进一步理解小数的意义。

（2）学生经历借助多样化的学具或模型探索小数性质的过程，在发现－猜想－验证－应用的学习活动中，发展推理、归纳概括的能力，积累数学活动经验。

（3）感悟数学知识间的普遍联系，培养学生主动探究、求真务实、理性辩证的科学态度，感受研究的乐趣，喜欢数学，喜欢思考。

4. 教学重点

理解并掌握小数的性质。

5. 教学流程图

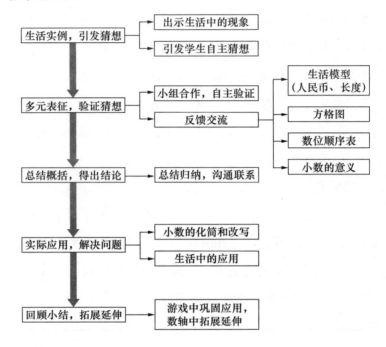

（二）课堂新实践

教学过程如下。

教学过程	"学思知行"课堂教学模式的体现
（一）生活实例，引发猜想 1. 生活中的小数 　（1）微信红包　　（2）身高　　（3）体温 2. 师：生活中有很多这样的现象，你有什么发现吗？ **（二）多元表征，验证猜想** 　1. 合作探究，举例验证 　师：是不是你们说的这样呢？我们需要验证一下。下面两人一组，合作探究。	小数的性质是蕴含在小数内部的一种变化规律，与生活也有紧密的联系。通过出示生活中的一些现象，从而引发学生的猜想，激发学生学习的兴趣，调动学生的已有生活经验。

教学过程	"学思知行"课堂教学模式的体现
（1）先写一个小数，然后在它的末尾添上 0 或者去掉 0。 （2）验证它们的大小是否相等。 （3）记录你们的验证过程。 **研究单** 验证过程： 得出结论： 	在验证活动开始前，通过提问"你想借助什么方式来验证?"让学生经历选择验证工具的过程，明确不同工具的功能，从而提高验证的有效性和科学性，有利于培养学生的数学思考。
学生举例验证——两人一组，合作完成。 2. 反馈交流 （1）借助元角分 因为 0.3 元是 3 角，0.30 元是 30 分，3 角 = 30 分，所以 0.3 元 = 0.30 元，就能说明 0.3 = 0.30。 （2）借助米尺 0.3 米，是把 1 米平均分成 10 份，取其中的 3 份，就是十分之三米，也就是 3 分米； 0.30 米，是把 1 米平均分成 100 份，取其中的 30 份，就是一百分之三十米，也就是 30 厘米； 因为 3 分米 = 30 厘米，所以 0.3 米 = 0.30 米，就能说明 0.3 = 0.30。	经过小组合作的思考、讨论、交流，问题的解决不仅高效，而且会长时间有效。在学生互通有无的过程中，各个层次的学生都能有所发展。
（3）借助方格图 把一个正方形平均分成 10 份，3 份是这个正方形的十分之三，0.3 表示 3 个十分之一；把同样大的正方形平均分成 100 份，30 份是这个正方形的百分之三十，0.30 表示 30 个百分之一。 因为涂色部分表示的面积大小是相等的，所以 0.3 = 0.30。 （4）借助数位顺序表 学生借助数位顺序表，把小数写入数位表中，发现 0.3 表示 3 个十分之一，30 个百分之一。	小数的意义是丰富而且多元的，学生应该从多个角度去认识和理解。通过让学生借助"人民币单位""长度单位""方格图""数位顺序表""小数的意义"这些学习工具，分享交流不同的验证方法，进一步深化对"计数单位"的认识。

教学过程	"学思知行"课堂教学模式的体现
因为两个小数的 3 都在十分位上，百分位上的 0 表示这个数位上什么也没有，所以这两个小数的大小是相等的，即 0.3 = 0.30。 （5）小数的意义 因为 1 个十分之一是 10 个百分之一，那么 3 个十分之一就是 30 个百分之一，所以 0.3 = 0.30。 **（三）总结概括，得出结论** 师：我们刚才验证了这么多等式，现在你能不能概括地说说你的发现？ 生：从左往右观察，小数的末尾添上 0，小数的大小不变。 从右往左观察，小数的末尾去掉 0，小数的大小不变。 师：能结合起来说一说吗？ 生：小数的末尾添上 0 或去掉 0，小数的大小不变。 师：这其实是小数里非常重要的一个性质，叫做小数的性质。	通过学生的讨论、交流，逐步完善小数的性质，培养学生语言表达的能力。
（四）实际应用，解决问题 1. 化简小数 师：不改变数的大小，下面的数中，哪些 0 可以去掉？ 8.70　　20.040　　5.00　　500 2. 改写小数 师：生活中有时也需要把数精确到某一位小数，你能把下面各数改写成三位小数吗？ 0.2 =　　4.08 =　　30.0400 =　　12 = 3. 生活中的应用 出示：生活中的一些例子。	让学生体会运用小数的性质可以将小数化简或改写，为后续进一步学习小数大小的比较、小数加减法做铺垫。
（五）回顾小结，拓展延伸 师生小结：我们看到了生活中的一些现象，进而提出了猜想，然后通过举例验证，得出了小数的性质这条结论，最后将它应用于我们的实际生活中，解决了化简、改写等问题。 1. 游戏：猜一猜老师微信红包里的余额。 提示 1：这个数里有两个 0，一个 5。（500、50.0、5.00、0.50、0.05）	通过知识的梳理回顾以及解决新的问题，感悟数学知识间的普遍联系，同时引发学生对知识的进一步思考。

续表

教学过程	"学思知行"课堂教学模式的体现
提示2：至少可以去掉一个0，钱数的多少不变。(5.00、0.50) 提示3：小数部分有5。(0.50) 2. 师：你能在数轴上找到0.50吗？它还能表示哪个小数呢？这个点可以表示很多个小数，这个点还能表示别的数吗？（分数，十分之五，百分之五十，千分之五百……）这些分数之间有什么关系呢？ 板书设计： 小数的性质 小数的末尾添上"0"或者去掉"0"，小数的大小不变。猜想 学生举例　　　　　　　验证 结论 应用	

（三）课后新反思

"小数的性质"是一节概念课，是在学生学习了"小数的意义"的基础上深入学习小数有关知识的开始。掌握"小数的性质"，不但可以加深对小数意义的理解，而且为后面的"小数的大小比较""小数四则计算"打下坚实的基础。

课前调研中发现，学生完成本节课的知识目标并不困难，但是学生对于"小数性质背后蕴含道理"的理解不尽相同。本节课旨在让不同的学生都能知其然，并知其所以然。因此我设计运用多种教学策略，引导学生在小组合作中探索小数性质的过程，在分享交流中，发展学生的语言表达能力、推理、归纳概括的能力，积累数学活动经验，培养学生理性辩证的科学态度，让每一个学生都能有所得。

1. 尊重学生思维起点，使用恰当策略

（1）分享策略。

本节课放手让学生小组合作、自主探索，为其提供思考和探索的空间，

搭建表达自己观点的平台。充分调动学生原有的知识经验，为不同层次的学生提供不同的学习用具，有效调动学生学习的内驱力。

①师生交流。在提出研究内容后，没有让学生急于操作，而是一起解读活动建议，确保每一个学生都能明确要求。同时教师举例提问"你打算借助什么方式来验证 0.3 = 0.30?"，有学生提出可以借助"单位名称""方格图"等方式进行验证，通过让学生经历选择工具的过程，明确不同学习用具的功能，做到不盲目验证，从而提高验证的有效性和科学性。

②组内交流。小组合作学习有利于每个学生都能获得平等参与的机会，同时照顾学生的个性差异，为学生提供不同的验证工具，使每个小组都能获得成功的体验，减轻学生的心理压力。本节课采用两人一组合作探究的方式，要求至少写出两种验证方法，这样就促使两个人都尽可能地参与到学习活动中去，使两人都能进行有效思考，互通有无，互相带动。

③全班交流。小数的意义是丰富多元的，要从多个角度去认识和理解。汇报交流时，学生通过借助"人民币单位""长度单位""方格图""小数的意义"等方式进行验证，感受不同方法之间存在的联系，深化对"计数单位"的认识，进而理解"小数末尾添上'0'或者去掉'0'，小数的大小不变"的背后的道理，帮助学生理解数学知识的本质内涵。

各个层次的学生都在全班交流的过程中相互学习，彼此互补，同时教师也能针对各个小组的情况进行鼓励性评价，进而提高学生学习的积极性和主动性。

（2）画图策略。

学生在选择验证工具时，不同的孩子会有不同的思考，有的孩子会选择生活模型，借助人民币和长度单位进行验证。但是思维层次高一些的学生会选择方格图，利用小数与分数的关系，借助直观模型进行判断。

（3）梳理策略。

带领学生回顾整节课，从发现生活中的现象，进而提出猜想，然后通过举例验证，得出"小数的性质"这条结论，最后将它应用于我们的生活中，使学生经历发现 – 猜想 – 验证 – 应用的学习活动过程。解决红包余额问题和数轴上的 0.50 这两个问题，使学生感悟数学知识间的普遍联系，同时让学生对知识有进一步的思考，使每个学生都能有学后劲儿。

2. 紧密联系生活实际，体现数学价值

《数学课程标准》明确提出了体会数学与生活之间的联系，运用数学的思维方式进行思考，增强发现和提出问题的能力、分析和解决问题的能力的目标。

第一个环节，学生通过观察生活中的现象引发猜想，激发学生的探究欲望；第二个环节，学生通过已有知识经验，借助"元、角、分""长度"等生活模型进行验证；第三个环节，学生通过观看营养成分表、公园门票、比赛分数这些生活中的实例，体会小数的性质在生活中的实际需要。谈感受时，孩子们也确实体会到了本节课知识与生活中的联系。最后通过利用所学知识解决红包余额的问题，感受到数学离我们很近。每个环节都让学生们沉浸在数学与生活之间，让学生感受到小数的性质在生活中有着广泛的应用，感受到数学的价值。

四、总 结

（一）研究结论

对于帮助学生提升数学理解的四种策略，已经在有意识地开展中，但习惯的养成需要一个长期的过程，不能一蹴而就。在这个过程中，要不间断地对学生进行指导与监督，只有这样才能真正转化为良好的行为习惯。

1. 四种策略在数学理解中有着十分重要的作用

通过研究，我发现四种策略在数学理解中确实很重要，它有助于学生把一些抽象的数学问题具体化，把一些复杂的问题简单化，有助于学生正确理解数量关系，提高解决问题的能力。因此，在新课程背景下数学理解教学中应有意识地加强对审题、画图、提炼梳理、分享策略的培养。

2. 四种策略在数学理解中需要一个渐进的过程

学生在解决问题的过程中，对于四种策略的应用，需要一个循序渐进的过程，他们需要教师在不同的时间、地点应用不同的策略来引导，这个过程不是一蹴而就的。

3. 四种策略在数学理解中教师应有意识地应用

学生四种策略的坚持应用，与教师本身的意识、能力以及评价有关，所以在平时的教学中教师首先要提高自己的教学能力和意识。

4. 四种策略在数学理解中要尊重学生的个别差异

学生的年龄不同、性格不同，认知方式也不同，所以我们在强调应用这四种策略重要的同时，也不能忽略学生的个性差异。我们要给学生一根"拐棍"，但我们要注意的是这根"拐棍"一定是合适的，适合他们的，否则就会成为累赘。

根据学生的年龄特点，不同的学生应该有不同的要求，目前的研究只限于全班的统一行为，还没有细致地对个体进行更有效的深入研究，在以后的工作中应加强这方面的思考，使其在不同的学生身上有更好的方法，真正做到因材施教。

（二）研究效果

1. 把"硬性规定"转化成了"自觉行为"

"硬性规定"一般是指法律法规中的强制性规定和禁止性规定，必须遵守法律规定，没有特殊情况，不能违反的规定。而在我的研究中指的是开始的强迫圈画、规定画图等，虽然开始的时候有些强迫，但一段时间的研究后发现，这种做法却让学生体会到了阅读的必要，以及这一系列策略的好处，从而在以后的做题阅读中，变成了自己的"自觉行为"，形成了良好的阅读习惯。

2. 把"复杂问题"转化成了"简单问题"

复杂可以不懂装懂，让人不易分清；复杂可以扩大功绩，让人不易评鉴；复杂可以混淆视听，让人不易搞懂；复杂可以模糊焦点，让人不易看清；复杂可以假装认真，让人不易批评……而我觉得阅读中过多的"复杂"会造成很多学生的"懒惰"，阅读中的"复杂"会使简单问题复杂化，让学生产生畏惧情绪。而这四种策略的应用，让学生在阅读时有了"抓手"，一下子理解了数量之间的关系，从而降低了题目难度，在正确解答后体会到了认真阅读的好处，不再畏惧复杂问题了。

3. 把"内心世界"转化成了"外显行动"

学生的内心世界复杂、多变，有的学生能"表里如一"，能让自己的内心世界外显，而有的学生却像是"茶壶里煮饺子，有嘴倒（道）不出来"。这次的研究帮助了很多这样的孩子，他们借助四种策略的阅读，了解了内在关系，并抓住其本质进行有条理的表述，一段时间后学生们喜欢上了阅读，体会到了阅读给自己带来的快乐。

（三）研究反思

本项目的目标是提升教师领导力，进而促进学生发展。在实施波普尔循环的过程中，我们对教师领导力及其对学生的影响有了深刻的认识。我们认为，教师领导力主要包含教学领导力、人格魅力与专业能力，它们分别对学生发展产生影响。

1. 教师的教学领导力影响学生的学习效果

教师的领导力主要包括教师上课的组织能力、专业能力、把握教材的能力、课堂随机应变能力、应用现代信息化技术的能力、语言组织能力等。学生是教学活动的主体，是教学活动的中心，学生学习的效果是课堂教学效果最直接的体现。思想品德课的内容相对而言比较枯燥，很多学生对这门课有先入为主的观念，几乎对其没有什么兴趣，因而教师对课堂的领导力、教师的语言表现力以及上课的风格等对于激发学生的学习兴趣、促进学生的学习效果会有较为直接的影响。调查研究表明，教师如果有效地组织安排思想品德课堂教学，通透教材内容，加强对课堂的管理，可以使课堂教学有序进行，使课堂的氛围保持活跃，有效地激发学生学习的兴趣，提高学生上课的效率，提高学生的学习水平以及效果。

2. 教师的人格魅力会影响学生学习的积极性

教师的人格魅力是教师领导力的重要构成因素。中学思想品德课本质上是一门育人的课，重在培养学生高尚的人格，而教师的品德会有直接的示范作用，会在无形中影响到学生对该门课程的认知。教师的人格魅力表现为：教师对自我的期望值、个人对工作的效能感、个人对本职工作的热爱程度、个人的品格等，这些都会对学生的学习积极性产生直接的影响。据调查显示，超过50%的学生表示，自己上课的专心程度以及对各学科的喜爱程度直接受到教师人格魅力的影响。

3. 教师的专业能力影响到其对学生需求的把握

教师的专业能力也是其课堂领导力的重要构成因素。教师在课堂教学的过程中，要确保课堂教学的效果，必须首先了解学生的需求、学生学习的规律，了解什么样的教学方式适合学生的思维习惯。其次，要借助自己的专业知识及技能，针对不同的教学内容、大部分学生的接受能力以及现有的知识水平采取适合学生特点的教学方式，对学生做出专业的指导。教师的专业能力不过关，很难做到这一点。

审辨式思维能力的培养在小学高年级英语课堂中的实践①

——波普尔循环在小学英语教学中的应用

一、引 言

教师领导力在教学过程中的体现无处不在。教师领导力与学生、教师专业发展、校长等变量的关系研究是一个值得长期学习、不断求新的过程。参加了这次的研究项目，我们两位老师在现有的工作经验上对小学教师领导力的内涵在课堂上的表现进行了界定，确立了研究教师领导力的目标。本文定义的小学教师领导力是指作为教师个人所具有的创新力、感召力、教导力、行动力、反思力的一种合力。这种合力反映了教师在课堂活动及团队教研中的合作文化、改善教育教学活动、问题意识、反思研究和专业倡导等方面的能力。

通过波普尔循环记录与分析，我们发现教师对"改善课堂教育教学活动"和"问题意识与教研能力"这两个维度的进展与预期收到了可喜成果。英语教师对改善教育教学方式及运用教育技术开展研究的意识和重视度较高，对"改善教育教学活动"和"教师领导力"维度的提升明显，在后续的教学过程中将进一步增进同伴互动，学会交流分享；关注个体学习，加强

---

① 本专题作者与承担任务为：梁红（波普尔循环课堂实施、反思性说明与诠释、教案撰写）、徐莹（缘起部分、收获与思考部分、结语与整体统筹）。

团队学习；提高问题意识，注重反思研究；增强能力认识，提升职业技能。我们的实施过程就在"普尔循环记录与反思记录表"中详细地体现出来。

二、波普尔循环记录与反思

波普尔循环记录与反思情况如下。

波普尔循环步骤	反思性说明与诠释
P1： 如何提升小学生英语课堂审辨式思维能力	1. 思维品质：指人的思维个性特征，反映在其思维的逻辑性、批判性、创新性等方面所表现的水平和特点。我国台湾作家龙应台对 Critical Thinking 做出的翻译是"慎思明辩"。其实，critical 不是指"批评"，而是"仔细地审视思考"，故 Critical Thinking 译成"审辨式思维"更妥当。 　　审辨式思维品质具有层次性，从低到高分六个层次，分别是：记忆（Remember）、理解（Understanding）、应用（Apply）、分析（Analyze）、评价（Evaluate）、创造（Create）。 　　2. 我认为审辨式思维能力对小学生思维能力的培养很重要，它属于布罗姆教育目标分类中的高阶思维能力。同时，它也是英语学科核心素养的重要组成之一，即对学生思维品质的培养。 　　3.《义务教育英语课程标准（2011 年版）》指出：语言既是交流的工具，也是思维的工具。小学高段的阅读教学不仅要重视语言知识和语言技能的习得，更要引导学生在此过程中发展审辨式思维品质。英语学科核心素养四要素分别是语言能力、思维品质、文化品格和学习能力。审辨式思维品质为语言能力的培养、文化品格的发展、学习能力的提升提供心智动力
TT1： 通过提出开放性问题"Why…?"训练学生深入思考的能力	1. 当学生能够回答开放性问题"Why…?"时，说明学生已经开始对概念信息深入思考，对已有知识进行信息加工，联系已有知识、经验进行推理，最终使问题得以解决。 　　2. 开放性问题：问题的界定有时不明确，解决问题的条件并不完全是现成的，解决问题的方法是开放的，需要问题解决者自行探求，答案或结论不止一个，有些无法简单判定其为正确与否的，这类问题统称为开放性问题。 　　3. 因为开放性问题可以促进学生从各个角度思考问题，更深层次的进入某个主题，更深入的进行思考、讨论、辩论、探究

续表

波普尔循环步骤	反思性说明与诠释
EE1： 部分学生听不懂问题，无法回答；部分学生能听懂问题，但不能组织好语言用英语回答；只有极少数学生能够根据问题说出自己的想法	1. 教师通过提出开放性问题，大部分学生深入思考，并用英语表达出自己的想法，审辨式思维能力得以训练。 2. 仍有一小部分学生听不懂问题，无法进行小组活动。 3. 降低开放性问题的难度，让班中每一名学生都明白活动任务。 4. 如何降低开放性问题的难度，使班上绝大部分学生能够参与到活动中来
P2： 如何降低开放性问题的难度，使班上绝大部分学生能够参与到活动中来	1. 核心概念——开放性问题。问题的界定有时不明确，解决问题的条件并不完全是现成的，解决问题的方法是开放的，需要问题解决者自行探求，答案或结论不止一个，有些无法简单判定其为正确与否的，这类问题统称为开放性问题。 2. 我认为开放性问题，即是教师提出的答案不唯一的，学生通过自身已有知识储备，自主思考得出答案，并且学生的答案没有对与错。 3. 选择这个问题的目的是想让班中每一名学生都参与到班级活动中来，通过小组活动训练审辨式思维能力。长此以往，使全班英语水平得以提高，降低两极分化现象
TT2： 教师做示范，用肢体语言、图片及简单的英文单词帮助学生理解问题	1. 信息的传递与表达不仅仅是通过语言的方式，肢体语言或者图解的形式也能帮助语言能力薄弱的学生理解活动要求。 2. 肢体语言，又称为身势语言，是表示使用身体运动或动作来代替或辅助声音、口头言语或其他交流方式进行交流的一种方式的一个术语。它是副语言（paralanguage）的一种类型，副语言包括各种形式的非口头语言的人类交流方式，包括不为人注意的最细微的动作，例如眨眼和眉毛的轻微运动。肢体语言可以与面部表情结合使用。 3. 美国加利福尼亚大学洛杉矶分校社会心理学家阿尔伯特·梅拉宾（Albert Mehrabian）在 20 世纪 60 年代末开展了一项研究，通过这些实验，梅拉宾计算出，大约只有 7% 的情绪信号来自于我们使用的言辞，38% 来自于我们的语调，另有 55% 来自于非语言线索。我们的交流中有 93% 是非语言的，只有 7% 依赖于我们说出口的言辞

波普尔循环步骤	反思性说明与诠释
EE2： 　大部分学生能够借助辅助信息，对教师提出的问题进行分析、评价，综合表达出自己的看法。仍然有一小部分学生听不懂问题，一部分学生听懂了问题，不能组织好语言用英语表达	1. 大部分学生能够借助辅助信息，对教师提出的问题进行分析、评价，综合表达出自己的看法。 　2. 仍然有一小部分学生听不懂问题；一部分学生听懂了问题，但不能组织好语言用英语表达。 　3. 通过多种途径，让学生表达自己的想法。 　4. 如何让那些不能用英语表达的学生提升审辨式思维能力
P3： 　如何让那些不能用英语表达的学生提升审辨式思维能力	1. 审辨式思维能力：指人的思维个性特征，反映其思维的逻辑性、批判性、创新性等方面所表现的水平和特点。 　2. 我认为审辨式思维能力对于小学生思维能力的培养非常重要，它属于布罗姆教育目标分类中的高阶思维能力。同时，它也是英语学科核心素养的重要组成之一，即对学生思维品质的培养。 　3. 通过英语教学，不仅仅提升英语水平能力高的学生的审辨式思维能力，同时，通过教师的教学策略，能够让更多的学生审辨式思维能力得到发展
TT3： 　教师在提出开放性问题后，可引导学生运用不同的形式来作答，如：绘画、肢体语言或直接作答的形式来表达自己的想法	1. 评价形式多样化。学生审辨式思维能力的提升不仅仅通过学生语言的表达，还可以通过学生绘画或肢体语言等来判断。 　2. 评价学生思维能力的发展，不仅仅通过对学生的语言反馈进行评价，还可以对学生绘画形式、肢体语言反馈等形式进行评价。 　3. 每个学生的能力水平都是不一样的，有的人擅长语言表达，有的人擅长绘画，有的人擅长观察……因此，根据学生的特点，教师根据教学目标，布置不同形式的任务
EE3： 　不能用英语表达的学生大部分可以通过绘画或肢体语言来表达自己的想法。但不同形式的反馈花费的时间不同，选择通过绘画来表达想法的学生需要花费过多的时间，已经有了想法的学生不能安静地等待没有完成任务的学生，教师无法很好地控制班级纪律	1. 老师可以通过学生不同形式的反馈，量化出学生审辨式思维能力的发展。依据 Bloom's Taxonomy. 　2. 学生完成任务的时间参差不齐，教师无法整体安排教学内容，掌控教学进度。（选择通过绘画的形式表达想法的学生花费过长的课堂时间，通过语言表达就能回答问题的学生完成任务后没有事情做） 　3. 给完成任务的学生布置新的任务。 　4. 如何让已经完成任务的学生遵守纪律，耐心地等待没有完成任务的学生

波普尔循环步骤	反思性说明与诠释
P4： 如何让已经完成任务的学生遵守纪律，耐心地等待没有完成任务的学生	让班中每一名学生都有任务做，即是教师班级管理的内容范畴，同时，完成任务的学生要有规则意识，遵守课堂纪律，从小树立学生的规则意识
TT4： 教师引导已经完成任务的学生，小组为单位，小声交流自己的想法并耐心等待没有完成任务的学生。与此同时，教师走到没有完成任务的学生中去，协助他们尽快完成任务	1. 通过小组合作的形式，让完成任务的学生继续有任务做。 2. 小组合作学习：合作学习是一种以学生为中心，以小组为形式，为了共同的学习目标共同学习、相互促进、共同提高的一种教学策略。小组合作学习是与"个体学习"相对应的一种教学策略和学习组织形式，是一种学生在小组中通过明确的责任分工，完成共同任务的互助性学习。合作学习实质上是在分层教学活动中，把不同层次的学生异质同组组合，加强相互沟通，共同学习，以弥补分层教学在学生"学"方面的表现不足。 分层教学：分层教学就是教师根据学生现有的知识、能力水平和潜力倾向把学生分成几组水平相近的群体并区别对待，这些群体在教师恰当的分层策略和相互作用中得到最好的发展和提高。它又称分组教学、能力分组，是将学生按照智力测验分数和学业成绩分成不同水平的班组，教师根据不同班组的实际水平进行教学。分层教学以多元智能理论为基础，关注学生个体差异性和不均衡性评价标准分层，重视评价对学生个体发展的构建作用。尊重学生的个体差异，重视个性发展，遵循因材施教的原则，以学生的发展作为教学的出发点和归宿，真正体现"以学生发展为中心，以社会需求为方向，以学科知识为基础"的教育改革要求。 3. 分层教学，既照顾到英语语言能力相对较强的学生，让他们有事情做，同时不打击语言能力相对薄弱、选择用绘画的形式来表达想法的学生
EE4： 在教师的协助下，语言能力强的学生通过小组讨论，交换了自己的想法；语言能力相对弱的学生在教师的协助下完成了用绘画表达自己想法的任务	1. 在小组协作下，语言能力弱的学生能够参与活动，思维能力得到训练。 2. 在语言能力相对较强学生的帮助下，语言能力弱的学生也能够完成教学任务，但在有限的教学时间内花费的时间过长。 3. 提高小组合作的效率。 4. 虽然教师可以通过不同形式来评价学生审辨式思维能力的发展水平，但是通过实验发现，绘画表达想法的形式花费时间过长，不适用于英语课堂中

波普尔循环步骤	反思性说明与诠释
P5： 如何提高小组学习的效率，使语言能力较强者与语言能力薄弱者共同提高审辨式思维能力	1. 小组学习的效率。小组合作学习是目前世界上许多国家普遍采用的一种富有创意的教学理论与方略。由于其实效显著，被人们誉为近十几年最重要和最成功的教学改革。各国的小组合作学习在其具体形式和名称上不尽一致。如欧美国家叫"合作学习"，在苏联叫"合作教育"。 2. 综合来看，小组合作学习就是以合作学习小组为基本形式，系统利用教学中动态因素之间的互动，促进学生的学习，以团体的成绩为评价标准，共同达成教学目标的教学活动。 3. 通过英语教学，不仅仅提升英语水平能力高的学生的审辨式思维能力，同时，通过教师的教学策略让更多的学生审辨式思维能力得到发展
TT5： 教师每提出一个开放性问题后，通过设计Think-Pair-Share 的活动，即"个人独立思考，同桌两人之间讨论，小组四人一组分享"的教学模式，使小组中每个成员都有任务，参与活动，在小学学习中，营造独立思考、自由探索、善于创新的良好的环境。（教师在分四人一组时，根据学生语言能力水平，一个最强者，两个中等水平，一个薄弱水平）	1. 提高小组合作学习的有效性，让小组中的每个成员都有任务，注重参与度。同时，在小组学习中，又不乏个人独立思考环节。 2. TPS（Think-Pair-Share）是国外流行的一种课堂上当老师提问时或老师给出任务时激发全员学生（无论好、中、差学生）积极参与思维的一种有效的教学方法。 3. TPS 教学活动是通过教师提出问题，学生独立思考，之后与同桌或是相近的同伴进行交流，分享自己的想法，同时听取他人意见的过程。这可以鼓励学生思考，引发高阶思维活动。虽然这个活动叫做"思考－同伴互助－分享"，但它也可以在小组当中（3~4人）进行，可以是教师提前分好的小组，也可以是随机生成的小组。分享的时间可长可短，根据每个小组的进度，教师掌控时间。这个过程，既是交换学生想法的过程，同时也是学习的过程，没有想法的学生可以参考别人的想法引发思考
EE5： 大部分学生能够在同伴的帮助下用英语自主表达自己的想法，训练了审辨式思维能力。只有个别语言能力极其薄弱的学生无法参与活动	1. 在生生互助下，语言能力相对薄弱的学生可以做到用英语自主表达自己的想法，这同时也提高了教学效率。 2. 仍然有个别语言能力极其薄弱的学生无法参与到活动中来。 3. 在小组活动中尝试布置不同的任务。 4. 如何让个别语言能力极其薄弱的学生参与审辨式思维能力的训练

续表

波普尔循环步骤	反思性说明与诠释
P6： 如何让个别语言能力极其薄弱的学生参与审辨式思维能力的训练	1. 审辨式思维品质具有层次性，从低到高分六个层次，分别是：记忆（Remember）、理解（Understanding）、应用（Apply）、分析（Analyze）、评价（Evaluate）、创造（Create）。 2. 个别语言能力薄弱的学生如何借助小组合作学习，完成高阶思维活动。 3. 英语课标中指出，"教育要面向全体学生，注意个体差异"。采用小组教学方式，关注差异，促进发展。在小组活动中，通过讨论、交流，使层次不同的学生能够取长补短。在小组教学中，教师要有一定的策略引导，使全体学生都有参与的机会，避免出现少数语言能力强、基础较好的学生积极主动，而语言能力弱、基础薄弱的学生消极被动的局面。我们在教学中只要能爱护和调动每位学生学习的积极性和自觉性，就能不断提高他们的学习能力，使不同的学生都能在原有的基础上有不同程度的发展
TT6： 教师在布置审辨式思维能力训练的活动时，可以丰富活动的形式。学生可以根据自身语言能力选择适合自己能力水平的任务，如四人小组活动中，可以设置不同角色，有发言人、记录员、汇报员等，在小组共同协作下，完成审辨式思维能力的训练	1. 分层教学，即照顾到英语语言能力相对较强的学生，让他们有事情做，同时不打击语言能力相对薄弱的学生。教师通过设置不同形式的教学任务，促进小组合作，注重学生个体差异。多途径、多渠道训练学生审辨式思维能力。 2. 注重个体差异，因材施教。教师对学生的一般知识水平、接受能力、学习态度、兴趣爱好、知识储备、思想等方面的特点，都要充分了解，以便从实际出发，有针对性地教学。教学中既要把主要精力放在面向全班集体教学上，又要善于兼顾个别学生，使每个学生都得到相应的发展。针对学生的个性特点，提出不同的要求并布置不同的教学任务。 3. 小组合作学习过程中，每个成员都有任务，都有事情做，让每个学生都有参与感，认识到通过自己的努力才能使小组完成任务，增强学习有困难学生的自信心。不同的活动任务，锻炼学生的合作能力
EE6： 每个学生在小组互助下，都能够完成教师布置的不同形式的任务，长此以往，锻炼审辨式思维能力	结合小学英语课堂教学活动有效训练学生审辨式思维能力，使整个教学从思维激活中出发，在思维发展中行进，在思维拓展后结束

三、反　思

回顾整个研究，在波普尔循环推进过程中，我们也曾遇到了新的问题，在解决与探索的过程中，体会到了研究的魅力。通过波普尔的实验记录与研究，发现问题到解决问题，我们更加明晰了培养高年级学生在英语课堂中的审辨式思维能力，亦是小学教师领导力的内涵在课堂上的表现。在培养途径的研究过程中，教师的创新力、感召力、教导力、行动力、反思力的合力得以体现。这种合力反映了我们教研团队的教研文化、改善教育教学活动问题的意识，逐步提升教师们反思研究和专业倡导等方面的能力。我们将其以论文的形式进行梳理和归纳，力求在今后的教育教学过程中将教师领导力的学习与提升得到淋漓尽致地发挥。

新课程标准要求英语学科的教育教学应围绕核心素养的内涵及其构成要素全面而深刻的展开。英语学科体现核心素养的内容主要包括语言能力、思维品质、文化品格和学习能力四个方面。其中，对于思维品质的培养至关重要。思维品质是思考辨析能力，包括分析、推理、判断、理性表达、用英语进行多元思维等活动。对学生思维品质的培养，要求学生通过英语课程的学习能辨析语言和文化中的各种现象；分类、概括信息，建构新概念；分析、推断信息的逻辑关系；正确评判各种思想观点，理性表达自己的观点，具备初步用英语进行多元思维的能力。因此，培养学生思维品质的核心就是培养审辨式思维，即培养学生创新意识、创新精神，训练学生的创新思维。把"培养审辨式思维能力"作为课堂教学的重要目标，在英语课堂教学中，通过教师的有效提问，启发学生思考，激发、培养学生的审辨式思维能力。注重思维的培养，为思维而教，是我们教学的终极追求，推动我们的基础教育从"知识本位"时代走向"核心素养"时代。

（一）小学生审辨式思维能力培养方向

1940 年，审辨式思维（critical thinking）作为美国教育改革的一个主题首次被提出来。在 1987 年的"审辨式思维与教育改革国际会议"上，英国人 Michael Scriven 与美国人 Richard Paul 共同发表声明，指出审辨式思维并非单一的思想方法，而是包含分析、综合、评估及重建等一系列思想方法的综合体。这正是美国当代著名的教育家本杰明·布鲁姆（Benjamin Bloom）对于教育目标认知领域分类中的高阶思维目标——分析、评价、创新。因此，培养学生审辨式思维能力即是对学生用英语进行高阶思维过程的训练。本杰明·布鲁姆分别对高阶思维的三个维度下了定义：分析（analysis），是指把复杂的知识整体分解为组成部分，从而使各概念间的相互关系更加明确，材料的组织结构更为清晰，理解各部分之间联系的能力。它包括部分的鉴别、部分之间关系的分析和认识其中的组织结构。评价（evaluation），是指对学习材料作价值判断的能力。这个层次的要求不是凭借直观的感受或观察的现象做出评判，而是理性的深刻的对事物本质的价值做出有说服力的判断，它综合内在与外在的资料、信息，做出符合客观事实的推断。创新（create），是指将所学知识的各部分重新组合，形成一个新的知识整体。它所强调的是创造能力，即形成新的模式或结构的能力。它是以分析、评价为基础，全面加工已分解的各要素，并再次把它们按要求重新地组合成整体，以便综合地创造性地解决问题。它涉及具有特色的表达，制定合理的计划和可实施的步骤，根据基本材料推出某种规律等活动。它强调特性与首创性，是高层次的要求。根据概念的界定，并结合英语学科课堂活动形式，我将从以下几方面评价学生审辨式思维能力的发展。分析能力方面：比较、区分、分类、排序；评价方面：预测、给出观点、辩论；创新方面：计划、假设、想象、融合。

（二）英语教学活动中开放性问题设计的必要性

要想发展学生的审辨式思维，首先就要告别寻找标准答案的教育方式。教师需要明白，自己的主要任务并不是传授给学生一些知识和标准答案，而是提高学生的思维水平。如若习惯于让学生找出标准答案，习惯于将标准答案告诉学生，在这样的教育中，学生们在学习过程中就会一门心思以寻找标准答案为目的，若找不到正确答案就会感觉很焦虑。在这样循环往复的教育过程中，学生们就会逐渐缺乏质疑和创新的学习精神。无论是学术问题，还是工作生活中的实际问题，常常面临许多艰难的选择。学生需要从小学习怎样做出基于审辨式思维的谨慎选择，并准备为自己的选择承担责任。如果习惯于从教师那里获得标准答案，而不是自己做出选择，学生在未来的人生中必然会缺乏与他人竞争的能力。

开放式问题的设计，是一种思路较为广阔，答案并不是唯一、封闭的提问方法。它是一种以学生为主体，强调学生已有的知识经验和技能水平，引导学生观察和认识世界，从而建立起全新的师生互动关系的提问方式。同时，通过整合有联系、有链接的单元知识点，设计开放性的问题，可以使教材内容的呈现更开放、更清晰，更可以使学生在学习过程中思维得到更有深度、更有广度的激发。

开放性问题的提出一定是基于学生对已有知识的掌握、理解与应用。教师在教学过程中对于问题的设计，应从简单逐渐发展到复杂，按照学习目标的要求分层提出问题。在问题设计中，教师应先提出初级认知问题，如认知性问题、理解性问题、应用性问题，这些问题一般有直接、明确、无歧义的答案。在适当的时机，提出高级认知问题，如分析性问题、评价性问题、创新性问题，激发学生的思维，从而培养学生审辨式思维能力。第一，认知性问题，它是对知识的回忆与确认。例如，在北京版六年级上册第一单元第二课，根据 Baobao 与 Lingling 的对话，教师可以提出"What did Lingling do in her summer camp?" 又如六年级下册第三单元第九课，Guoguo 与她的父母针对世界地球日展开话题，教师可提问 "How does Guoguo's father go to work?" 第二，理解性问题，它主要考察学生对概念、规律的理解，让学生进行知识的总结、比较和证明某个观点。例如，北京版六年级上册第五单元第十五课，学生学习了古代奥运会的相关知识，教师可以提问 "Did the ancient Olympic Games have a long history? Why?" 又如，六年级下册第四单元第十四课，Mike 给即将到昆明旅行的 Jim 介绍昆明的天气情况，教师可提问 "Is the weather in Kunming the same with the weather in Beijing? What are the differences?" 第三，应用性问题，它主要是指对所学习的概念、法则、原理的运用。例如，北京版六年级下册第三单元第九课，教师可提出 "Can you make a survey about what we can do to protect the environment?" 第四，分析性问题，它主要让学生透彻地分析和理解，并能利用这些知识证明自己的观点。例如，北京版六年级上册第一单元第二课，教师可提问 "Is Lingling a good girl? Why?" 又如，第五单元关于奥运会，教师可先给学生展示奥运会金牌榜，让学生通过读图表分析 "Which country is No. 1 in the gold medal table? What does it mean?" 第五，评价性问题，是指理性地、深刻地对事物本质的价值做出有说服力的判断。例如，北京版六年级上册第五单元，教师可提问 "Are gold medals very important in the Olympic Games?" 又如，六年级下册第三单元，关于低碳生活，教师可提问 "Should we wash clothes by washing machine?" 或者 "Should we use correctors when we make mistakes?" 第六，它能使学生系统地分析和解决某些有联系的知识点集合，并创造性地解决问题。例如，北京版六年级下册第四单元第十四课，根据 Jim 的出行计划，教师可给学生布置 "If you were Jim, what would you do in Kunming?" 或者 "Can you make a travel plan for your summer vacation?"

（三）学生审辨式思维能力训练过程中的问题与解决措施

在培养学生审辨式思维能力的过程中，研究者也遇到了一些问题，比如，有的学生听不懂老师的提问；有些学生能听懂教师的提问，但不知道用英语怎样作答；语言能力较强的学生总是积极争取回答问题的机会，语言能力薄弱的学生锻炼的机会相对较少；等等。针对学生出现的问题，我采取了以下几种方法，帮助学生理解问题，深入思考。

（1）教师做示范，用肢体语言、图片及简单的英文单词帮助学生理解问题。

（2）引导学生用不同的形式回答问题。例如，学生可以通过绘画、动作等来表达自己的想法。

（3）Think-pair-share 活动，帮助学生形成"个人独立思考，同桌之间相互讨论，小组四人一组分享"的学习模式。在小组学习中，营造独立思考、自由探索、善于创新的良好环境。

（4）分配小组成员，形成高效互助组并在组内设置不同角色，有发言人、记录员、计时员、汇报员等，每次活动换一次角色。每个角色在教师布置的任务中都是不可缺少的，需要小组成员共同协作，完成审辨式思维能力训练。

不论是专门的审辨式思维课程，还是具体的学科课程，在课程实施过程中都需要包含一个清晰的关于审辨式思维教学和评价的部分，都应该明确提出审辨式思维发展的课程要求。审辨式思维测试应避免测试那些仅仅依靠死记硬背就可以答对的题目，应避免考查对特定知识内容的记忆。

任何一个学科，都应该启发学生的好奇心，在启迪智慧的同时鼓励学生提出新的问题，支持学生提出不同看法。教师应引导学生对不同看法展开讨论，对于学生提出的问题，不能仅仅教条、武断地告诉学生"应该如何"，而是用审辨式思维的方式对学生产生积极的影响，使得学生在学习过程中思维得到更有深度、更有广度的激发。

作为教师，在提高教师领导力的行动研究过程中，首先应是学习者。"教师领导力"这个概念是在美国20世纪80年代的教育改革中兴起的，发展至今已经成为教师专业发展的重要组成部分，极大地丰富了教师这个概念的内涵与外延，使得教师的角色更加多样性。教师不仅仅是课堂上的教学者，亦是学校的管理者，甚至是教育改革的发起人。

在国家层面，中小学的民主化建设需要学校各级员工的共同努力，尤其是教师。因此，教师个人能力的高低和团队水平的优劣直接影响其速度和质量。教师领导力对教师个体发展和团队建设起着积极地促进作用。我们只有立足本职，才能将所学发挥极致。

四、课例：《Unit 3　Let's live a low-carbon life.》
——基于波普尔循环的研究课教学设计

下面的教学设计，就融入了我们研究的内容，更蕴含了对教师领导力、学生英语课堂思维品质、高年级英语课堂审辨式思维能力的培养，此教学设计将三方面融于一体，也是我们的研究在教学设计方面的推动与体现。

（一）指导思想与理论依据

通过整体分析《课程标准2011年版》，我们可以看到课程标准修订前后的主要变化集中在：

（1）根据时代和社会的发展，提升了标准内容的时代性。

（2）提出了英语学习对学生思维培养的作用。

因此，本节课我把重点放在培养学生核心素养、注重学生思维品质的发展。通过课文复述、信息差等活动以及课程最后的辩论环节，学生不仅对文本做到了理解和内化，而且能够对信息进行加工和整理，最终理性地表达出来，体现了学生思维品质的发展。让学生在参与中启动思维机制，学生积极参与，最终使课堂教学得到深化和补充。

（二）教学背景分析

1. 教学内容

北京出版社《小学英语》六年级下册第三单元整合第一课时。

2. 学生情况

学生经过五年多的英语学习，已经具备了基本的交际能力。本册书前两个单元的学习都是围绕着描述物品和人物展开相关话题，六上学生也接触了一般过去时，因此，本课我以谈论天气入手，让学生回顾去年12月份学校为什么放假三天，说一说原因，引入环境这一话题。这样做，能够激活学生已知，贴切学生生活经验，通过交流直接引入今天的话题"World Earth Day"。

3. 教学方式

情境导入、多媒体教学。

4. 教学手段

交际法、情景教学法、合作学习法。

5. 技术准备

PPT幻灯片教学、视频影像编辑。

（三）教学目标

1. 语言能力目标

学生通过本课的学习，能够熟练掌握单词"protect, environment"；能够在适当的情境中使用句型"we should…/ we shouldn't…"。学生能够通过同伴互助，完成信息差表格，并进行整理汇报；能够以"保护环境"为话题展开辩论，进行自主交流。

2. 思维品质目标

学生通过文本学习，能够理性思考、分析如何在日常生活中（衣、食、住、行等方面）既做到保护环境又能使我们的生活得到便利；学生能够组织语言，通过辩论的形式理性表达自己的想法。

3. 文化品格目标

学生能够感受到干净整洁的环境是靠大家的共同努力换来的，在日常生活中，应该尽自己的所能，低碳生活，为环境的保护贡献出自己的一份力量。

4. 学习能力目标

通过 Anchor Charts 呈现关键信息，学生能够通过板书，获取文本关键信息，通过图示，帮助学生理清思路并引发思考（认知策略、情感策略方面）；通过 pair work 和 group work 的形式，学生能够与同伴分享体会和经验，并在交流的过程中发现自身的不足，取长补短（元认知策略方面）；通过教师的肢体语言及转述策略，学生能够理解生词的意思（交际策略方面）。

（四）教学流程示意

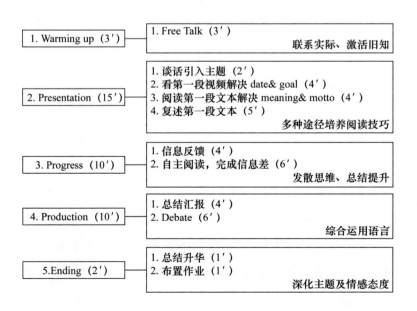

229

（五）教学过程

（以下内容中，"T"表示 Teacher，"S"表示 Student）

Step1：Warming up 谈话导入，贴近生活，激活已知

Free talk：

T：Look，the weather these days is nice. Fresh air and blue sky. However, in the last semester，we had three days off in December. But it was not for a holiday. Do you remember?

Ss：…

T：Why did we have three days off?

Ss：…

T：Yes，the haze，the smog，the weather became worse. We need to protect the environment. Agree?

Ss：…

T：There is a day that tells us to protect the environment. Do you know what is it?

Ss：…

T：World Earth Day.（板书 World Earth Day）

教学资源运用：制作成 PPT，演示文稿进行呈现。

教学指导策略：通过 Free Talk 导入"环境"这一话题，调动学生学习兴趣。《英语课程标准》指出英语课程要力求合理利用和积极开发课程资源，给学生提供贴近学生实际、贴近生活、贴近时代的内容健康和丰富的课程资源，因此，在展开 World Earth Day 话题之前，通过图片资源、音频资源给学生提供多种线索，贴近学生已有生活经验，激发学生学习情感，复习了旧知，引发学生对本节课学习内容的关注以及为推动后面教学活动进行有效地准备。

Step2：Presentation 多种途径培养学生阅读技巧

T：What do you know about the World Earth Day?

Ss：…

T：Let's watch a video and then answer：What's the date and the goal of World Earth Day?

（第一遍看视频）

T：Have you got the answers? The date and the goal?

Ss：…（板书 the date：April 22nd the goal：protect the environment）

T：And the theme of World Earth Day is the same with what we're going to learn. Live a low-carbon life.（板书 Live a low-carbon life）

T：What is a low-carbon life? And what's motto of it? Open your booklets，page 1. Read this paragraph and underline the answers.

Ss：…

（教师示范复述课文，四人一小组复述课文）

教学资源运用：音频呈现，PPT 制作。

教学指导策略：通过视频学习、自主阅读等多种途径培养学生的阅读能力，问题的提出层层递进，由概括到具体，为不同程度的学生搭设台阶，全面关注了不同层次的学生。首先通过精听，解决主旨信息，回答世界地球日的日期和目的；通过自主阅读的形式，解决具体细节信息，回答低碳生活的意义及口号。在学生自主阅读时，教给学生画线、圈出关键词等阅读技巧，帮助学生高效获取关键信息。注重学生学习策略的培养，锻炼学生自主学习的能力，为终身学习奠定基础。

Step3：Progress 同伴互助，交流学习

T：The low-carbon life tells people to build good habits. What should we do?

（根据学生反馈情况，在黑板上分四块体现）

Ss：…

T：There are more things that we can do in our daily life. Let's start from clothing, food, living and vehicles. （随着说出四方面，就把板书体现在黑板上）

T：Turn to page 2, each of you has only one part of the information, you need to find the other three parts and fill in the form. And remember when you go around, ask only one question each person each time.

教学资源运用：PPT 演示文稿。

教学指导策略：通过信息差的活动，锻炼了学生独立思考的能力，同时，通过伙伴互助，开阔思维，完成自身的语言提升，能够综合语言知识，提高表达能力及书写能力。培养了学生在真实的语言情境中提高实际语言运用的能力。

Step 4：Production 深化主题，思维引导

（1）总结梳理。

T：Finished? Let's work it out together.

What should we do in food?

Ss：…

（the same way to learn clothing, living, vehicles）

（2）辩论。

T：That's all what we learnt today. Living a low-carbon life is a kind of lifestyle but it is also a good attitude. We should do so and create our own low-carbon footprints. However, in our daily life, sometimes it's a little hard to tell whether we should do or not. So, here, we have a debate. We should wash clothes by washing machine. Do you agree or not.

教学指导策略：在课程尾声，呈现给学生一个论题"我们应该用洗衣机洗衣服"，将实际生活问题与课堂教学活动紧密联系，真正意义上锻炼孩子们对知识的运用能力以及语言的综合表达能力。鼓励学生大胆表达自己的观点，培养逆向思维方式。通过组织学生开展辩论的形式引领学生养成

Thinking out of the box 的思维方式，发展学生个性思维，大胆表达自己的观点，培养学生良好的思维品质。

Step5：Ending

（1）总结。

T：All your viewpoints are reasonable. Everything has two sides，we need to keep balanced. At last，I'd like to share with you a sentence. See，life doesn't require we be the best，but only we try our best. So，live a low-carbon life，we try our best，ok?

（2）布置作业：Write a short passage according to the debate.

教学指导策略：到课程结束前，通过与学生分享关于"保护环境"的警句，深化主题，学生能够感受到要使生活的环境好，自己就应该尽自己所能为保护环境贡献一份力量。作业的布置是根据拓展环节的课外拓展，是"读"与"写"的结合。

（六）学习效果评价设计

1. 对学生的评价

根据高年级学生年龄特点，本节课以教师评价为主，教师进行评价小结。本节课中，我通过整体评价、口头表扬等方式激励和评价学生，调动学生学习积极性并促进教学。

2. 对知识与能力目标的评价

在本节课中，结合教学目标，我设计了信息差、辩论等教学活动，每个活动的设计都围绕目标设定。通过活动的操练，提升了学生综合语言运用的能力及思维品质的提升。

（七）本教学设计与以往或其他教学设计相比的特点

1. 教材整合

我授课的内容是六下第三单元关于环境保护的相关话题，三单元四课时话题内容分别是环境保护、低碳生活、人与自然、能源。我针对课文内容灵活处理，对这单元进行了单元整合，并且把会话教学改编为语篇阅读教学。在单元授课的第一课时就把所有新授知识教给孩子们，其余的两课时，重点处理细节信息。这样做的目的是使教材服务于教学，真正服务于学生，从而提高教学效率。当然，原则就是基于课本但不拘泥于教材。

2. 多种途径培养阅读能力

通过视频学习、自主阅读等多种途径培养学生阅读能力，问题的提出层层递进，由概括到具体，为不同程度的孩子搭设台阶，全面关注了不同层次的学生。首先通过精听，解决主旨信息，回答世界地球日的日期和目的；通过自主阅读的形式，解决具体细节信息，回答低碳生活的意义及口号。在学生自主阅读时，教给学生画线、圈出关键词等阅读技巧，帮助学生高效获取关键信息。注重学生学习策略的培养，锻炼学生自主学习的能力，为终身学习奠定基础。

3. 辩论环节，培养学生逆向思维

最后辩论环节，鼓励学生大胆表达自己的观点，培养逆向思维方式。通过本节课的学习和日常生活中的常识，学生对于环境保护该如何做已经相对清晰，能够理解节约能源也是保护环境的方式之一。此时，教师设置一个有争议的论题"我们应该用洗衣机洗衣服"引发学生思考：日常生活中我们的确经常使用洗衣机洗衣服，但洗衣机洗衣服费水费电，不环保，似乎又不应该这样去做，那么到底应不应该用洗衣机洗衣服呢？通过组织学生开展辩论的形式引领学生养成 Thinking out of the box 的思维方式，发展学生个性思维，大胆地表达自己的观点，培养学生良好的思维品质。

在为期一个学期的研究过程中，我们分别从目标、实施和效果三个方面具体分析了教师领导力计划。细致的标准和严苛的评价才会带来好的效果，才会为教师和学生的进步带来积极的意义。我们拟定后续将继续通过习得的波普尔研究方法，将教师领导力培养的现状和问题分析继续延续，提出新的启示。结合教师领导力培养中的问题和成熟的经验，本研究将继续从教师领导力的文化氛围的改善、教师培训项目的优化和史家教育集团英语教师领导力培养体系的建立等三个方面推动史家教育集团英语部的教师领导力的发展。

参考资料

［1］金海玉．刍议大学生审辨式思维能力及其在英语教学中的培养．新西部，2018（12）

［2］王泳钦．基于数字平台的大学英语混合式学习研究．高教学刊，2018（1）

［3］张惠珍．审辨式思维在高中英语混合式阅读教学中的运用．厦门广播电视大学学报，2017，20（3）

［4］高敏，彭慧．运用审辨式思维指导学生解答高考英语新题型的探究．中国校外教育，2017（10）

［5］古伟霞．英语阅读教学中审辨式思维的培养途径．宿州教育学院学报，2016，19（2）

后　记

　　在始于 2014 年的综合改革中，史家教育集团充分发挥优质教育资源辐射作用，承担多项改革任务，形成一校多址的集团化办学格局。

　　面对诸多挑战，我们力求让集团走向集成，即通过各校区的资源共享与优势互补，以及在文化认同、组织架构、教师发展等方面的变革与创新，构建"动力群"，激发"群动力"。值此特别感谢教育部普通高等学校人文社会科学重点研究基地北京师范大学教师教育研究中心给予我们"基于教师领导力培育领袖教师的行动研究"项目的引领，通过对集团教师领导力的提升，帮助教师进一步转化角色，逐渐从"校区身份"转变为"集团人身份"，积极培养领袖教师，充分唤醒教师在改革中的主体作用，确保各项改革任务在集团各校区同时顺利推进。

　　教育部普通高等学校人文社会科学重点研究基地北京师范大学教师教育研究中心的专家组在朱旭东部长的带领下，澳大利亚新南威尔士大学教育学院 Colin Evers 教授、北京师范大学张春莉教授、北京师范大学裴淼副教授、澳大利亚新南威尔士大学教育学院博士研究生李肖艳按计划连续跟进教师的实践研究。

　　2017 年 10 月 9 日：项目启动仪式。澳大利亚新南威尔士大学 Colin Evers 教授和北京师范大学裴淼副教授为 20 位项目老师介绍了波普尔循环作为一种促进教师专业发展和知识生成的方法论的理论基础与实施要点，并初步帮老师们确定研究问题。

2017 年 12 月 5 日：裴淼副教授和李肖艳博士到史家小学高年级部与 20 位老师座谈，了解老师们在项目推进过程中所取得的成果，所面临的问题，并基于老师们的需求开展了针对性指导。

2018 年 1 月 4 日、5 日：Colin Evers 教授、裴淼副教授引领老师们开展研究课工作坊。一共有 8 位老师贡献了精彩的公开课，分别为：路莹（科学）、苏浩男（美术）、杨明（音乐）、佟磊（品德与社会）、刘禹（体育）、蔡琳（语文）、侯宇菲（数学）、梁红（英语）。课后，两位专家分别与每组的老师座谈，对老师们的课程与波普尔循环推进情况进行了指导。其中，苏浩男老师的课程得到专家的一致称赞。

2018 年 5 月 8 日、9 日、10 日：北京师范大学张春莉教授和裴淼副教授引领老师们开展了研究课工作坊。一共有 8 位老师贡献了精彩的公开课，分别为：刘禹（体育）、张怡秋（科学）、杨明（音乐）、佟磊（品德与社会）、梁红（英语）、李梦裙（语文）、苏浩男（美术）、王磊（数学）。课后，两位专家分别与每组的老师座谈，对老师们的课程与波普尔循环推进情况进行了指导。其中，苏浩男老师和王磊老师为项目组所有老师上了两节公开课，广受专家和同伴欢迎。

2018 年 5 月 20 日：项目组邀请中国人民大学出版社王雪颖编辑为 20 位项目老师做了一次关于"专著的写作与出版"的工作坊。

2018 年 6 月 28 日：项目成果汇报。上午，科学组的马晨雪老师与语文组的蔡琳老师分别贡献了一节精彩的研究课。下午，参与项目的 8 个学科组逐一汇报了一年来参与项目的过程与感受、收获与成果、目前面临的问题与希望获得的支持以及未来的发展规划，北京师范大学教育学部教师教育研究所所长李琼教授、Colin Evers 教授、裴淼副教授等分别对老师们的汇报进行了点评与回应，并作出了专业指导。

同时，项目组每个月月底会将老师们本月的波普尔循环记录收集齐全，翻译成英文，而后邮件发给澳大利亚新南威尔士大学 Colin Evers 教授，Evers 教授通过邮件对老师们的记录进行指导。

在整个项目实施过程中，专家组引导项目教师主动反思自己多年的教学经验，找到并确认自己的教学优势，在自己的做事范围内进一步反思并探究面临的问题，结合工作坊不断清晰自己的问题解决思路，最终在问题解决过程中提炼自己的教学专长概念，开发自己的教学研究"试验田"，成为自己"试验田"领域的专家，提升了集团一批领袖教师的专业影响力与学术领导力。

项目开展至今，史家教育集团所有参与该项目的老师都积极参与，配合北师大项目组完成了相应的任务。鉴于老师们的成果在一定程度上具有可推广意义，我们决定为老师们出版这本书。本书由全体项目教师在专家组的指导下完成，作者与承担任务如下：专题一由杨春娜、路莹、李晶、苏芳、王红、马晨雪、杨华蕊、张培华共同完成；专题二由崔玉文和佟磊共同完成；专题三由杨明独立完成；专题四由刘禹独立完成；专题五由苏浩男独立完成；专题六由王静、蔡琳、李梦裙、满文丽、高江丽共同完成；专题七由张春艳、吴斯、杨昕明共同完成；专题八由梁红、徐莹共同完成。

由衷地感谢专家组的每一位导师，各位专家不仅引领了教师的专业发展、学术认知，更以严谨、笃学的专业精神、高合作态度，实事求是、精益求精的工匠风范，感召、感染、感动着每位教师。

同时也特别感谢在项目研究中勇于实践的全体老师们，感谢他们推动集团化机制改革的稳步深化。相信在这些领袖教师的辐射作用下，会带动集团教师的"动力群"，发挥"群动力"，从优秀走向卓越。

期待着与教育部普通高等学校人文社会科学重点研究基地北京师范大学教师教育研究中心继续携手，助力史家教育集团的好教师，让好教师成就好教育，共同为基础教育的优质均衡创新发展。

王　欢

2019 年 6 月 27 日